特別支援教育における 「チームで育つ教師」

に着目した チーム・アプローチの理論と実践

編 著

安藤 隆男・池田 彩乃・内海 友加利

ジアース教育新社

はじめに

「『成長する教師』とは，どのような教師なのだろうか?」

教師として自らの成長を望みつつ，漠としてその実像に迫り得ないもどかしさを感じて本書を手にされた方が多いのではないでしょうか。まずは，私たち執筆者のおもいも含めて，『成長する教師』をどう捉えるかについて述べることにします。

これまでの教職の専門性の議論では，教師が子供の実態に応じて，授業をデザイン・実施・評価改善する一連の営為において，どれだけの知識・技能等を有しているかに着目する傾向にありました。いわば，「結果としての知識・技能の獲得」に視座を置くものです。教師の研鑽により得た知識・技能等は，当然社会的に評価されるべきであり，専門性の源泉となることは確認するまでもありません。その一方で，この考え方には次のような二つの課題を指摘できます。

第一は，教職の専門性を教師個人に帰属させることです。「あの先生は自立活動の指導の専門性が高いよね」といった声に代表されるものです。第二は，課題解決に資する知識・技能等の獲得を，何を基準に判断するのかということです。今日，特別支援教育を巡る諸課題は複雑化しています。教師個人が培ってきた専門性では解消できない課題が増えていますし，知識・技能等は獲得した段階ですでに最新ではなくなる可能性があるのです。

このように整理すると，『成長する教師』とは，子供の学習と向き合う中で自らが身に付けるべき専門性を感取し，個人として，または同僚教師や関係の専門家等との協働により，生涯を通じてその獲得に努める教師と定義できます。

本書では，学校内外において多様化，複雑化する諸課題に対して，教師が同僚教師あるいは関係の専門家等と協働して解決にあたるチーム・アプローチに着目しました。近年の教職の専門性における協働モデルの提起を受け，特別支援教育における専門性の協働モデル構築の理論的な整理を行い，あわせて関連の実践を紹介するものです。従来から指摘される専門性における個人モデルと両輪となって，読者の皆様が「成長する教師」を探求する一助となることを企図しました。

以上のコンセプトをわかりやすく示すために，本書は次の二つの枠組みから構成しました。一つは，協働の場についてです。教師の多様なチーム・アプローチを概念的に整理し，協働の場として「教室」「学校」「地域」をあげました。もう一つは，教師の協働によるチーム・アプローチを理論と実践の往還から整理したことです。第一部の総論では，チームとは何か，チームを巡る議論の動向等を，第二部の各論では，各協働の場におけるチーム・アプローチの意義等を概説しました。各協働の場に位置づけた 16 の事例 Practice は，それぞれ関連のある理論 Lecture とカップリングしてその取組みの意義等を理解できるようにするとともに，各事例 Practice では，どこで，誰と，何についての協働の取組みなのかを明示しました。今後，読者の皆様が関係者との協働によるチーム・アプローチを展開する上で，ポイントとなる基本的な視点と手続きの提示に努めました。詳細は，本書の活用の仕方，事例ガイド一覧を参照のうえ，活用ください。

最後に，事例をご執筆いただいた先生方には，改めて玉稿を賜りましたことに敬意と謝意を表します。本書の刊行がさらなる実践の深化につながることを期待しております。

2024 年6月

執筆者を代表して　安藤　隆男

Contents

第 一 部　総 論

第 二 部　各 論

第3章 「地域」を基盤とした教師と関係者との協働

本書の活用の仕方

【本書の構成】

　本書では，特別支援教育におけるチーム・アプローチを中心に据え，学校教育現場を取り巻く現状と課題について理論と実践の往還を図り，読者の皆様と「チームで育つ教師」の在り方をともに追究することを目指しました。

　本書は，第一部総論と第二部各論で構成しています（下図参照）。

　まず，第一部総論では，「チームで育つ教師」について，学校教育及び特別支援教育における「チーム」とは何なのか，また，「教師の成長」をどのように考えればよいのかなど，本書の根幹に関わる理論を取り上げます。

　次に，第二部各論では，16のチーム・アプローチの取組みについて，その協働の場である「教室」，「学校」，「地域」に着目し，それぞれ第1章から第3章において取り上げます。また，各取組みに関しては，チーム・アプローチの理論と実践の往還を図るために，Lecture（理論）とPractice（事例）で構成しています。Lectureは各取組みに関わる基本的な考え方をおさえる役割を，Practiceはどこで，誰と，何に関する事例なのかの視点を明示して，読者の皆様の理解に供するとともに，現場での新たな挑戦の参考にしていただく役割をそれぞれ担います。

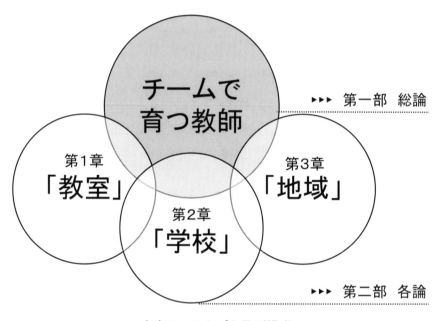

本書のコンセプト及び構成

【活用のための手がかり】

　先に述べたように，本書は総論と各論，さらに各論においては取組み毎にLectureとPracticeから構成しています。読者の皆様に本書を有効に活用していただくために，3つの手がかりをご紹介します。

1 チーム・アプローチの理論から実践へ

　本書を手にとられた方の中には，チーム・アプローチに対する考え方や意義などを理解したい方もいらっしゃるかと思います。

　学校教育や特別支援教育におけるチームについての施策等の動向を確認したい，あるいは，関係者の協働に関する理解を深めたいという方は，第一部総論から読み進めてください。

　➡　**第一部　総論：5ページ〈Contents〉へ**

　また，「教室」，「学校」，「地域」におけるチーム・アプローチの具体的な取組みについて理解を深めたいという方は，第二部各章の第1節から読み進めてください。

　➡　**第二部　各論第1章第1節，第2章第1節，第3章第1節：**
　　　　5ページ〈Contents〉へ

2 事例ガイドを手がかりに

　各Practiceページの冒頭に，「事例ガイド」を掲載しています。ご自身の興味・関心のある内容から読み進めてみてください。

　➡　**10ページ〈事例ガイド一覧〉へ**

「どこで（協働の学び場）」，「誰と（チームの構成）」，「何について」のチーム・アプローチなのか確認することができます。

● 個別の指導計画を作成する際の対象児童の実態把握において，複数教師が協働して情報の共有や整理を行ったことで，指導の方向性が一致し，授業実施や評価がしやすくなりました。
● 児童一人一人の自立活動の課題が明確になったことから，学習グループのメンバー構成や自立活動の指導内容の改善が図れました。
《関係する事例》Practice 2, 8, 11, 16

関係する事例を記載しています。

3 キーワードを手がかりに

　ご自身の関心のあるキーワードを〈さくいん〉から探していただき，該当する理論や事例から読み進めてみてください。

　➡　**176ページ〈さくいん〉へ**

事例ガイド一覧

第二部　各論	事例	どこで	誰と	何について	掲載ページ	関係する事例
第1章 「教室」を基盤とした関係教師の協働	Practice1	肢体不自由／特別支援学校	同僚教師	P（デザイン）	p.36-	Practice 2,8,11,16
	Practice2	肢体不自由／通級による指導（小学校）	特別支援学級教師,特別支援教育コーディネーター	P（デザイン）	p.44-	Practice 1,5,8,9,11,16
	Practice3	肢体不自由／特別支援学校	同僚教師	D（実施）	p.52-	Practice 4,6,7,8,11
	Practice4	知的障害／特別支援学校	同僚教師	D（実施）	p.60-	Practice 3,6,7
	Practice5	知的障害／特別支援学級（小学校）	通常学級教師	D（実施）	p.68-	Practice 2,9
	Practice6	肢体不自由／特別支援学校	同僚教師	C・A（評価・改善）	p.76-	Practice 3,4,7
第2章 「学校」を基盤とした教師と外部専門家との協働	Practice7	肢体不自由／特別支援学校	同僚教師	授業研究	p.92-	Practice 3,4,6
	Practice8	知的障害／特別支援学級（小学校）	特別支援学級（知的障害）担任, 特別支援教育コーディネーター, 大学院生	特別支援学級の教育課程の整備	p.100-	Practice 1,2,3,11
	Practice9	肢体不自由／特別支援学校	行政, 小中学校・特別支援学校の教師	センター的機能, 通級による指導	p.108-	Practice 2,5
	Practice10	肢体不自由／特別支援学校	外部専門家, 担任, 自立活動専任	多職種連携	p.116-	Practice 14,15
	Practice11	教職大学院	小学校等と大学	外部専門家の活用	p.124-	Practice 1,2,3,8
	Practice12	知的障害／特別支援学校	担任, 看護職員, 保健主事	医療的ケア	p.132-	Practice 15
	Practice13	病弱／院内学級	通常学級教師	引継ぎ	p.140-	Practice 15
第3章 「地域」を基盤とした教師と関係者との協働	Practice14	知的障害／特別支援学級（小学校）	小学校, 就学前施設職員, 保護者	就学支援	p.154-	Practice 10
	Practice15	肢体不自由／特別支援学校	関係機関	医療的ケア	p.162-	Practice 10,12,13
	Practice16	肢体不自由／特別支援学校	特別支援学校職員, 外部専門家, 進路先, 支援機関	卒業後に向けた移行支援	p.170-	Practice 1,2

第一部

総論

第**1**章

「チームとしての学校」とは

第**1**節 教師のチームに関する施策動向

　教師のチームを巡る施策動向を整理します。このことについては，直近の中央教育審議会の答申を取り上げることとします。

1．中央教育審議会「チームとしての学校の在り方と今後の改善方策について（答申）」

　2014年7月，文部科学大臣は中央教育審議会に対して，「これからの学校教育を担う教職員やチームとしての学校の在り方について」，次のような諮問を行いました。一つは，これからの教育を担う教師が必要な資質能力を身に付けることができるようにするため，教員養成・採用・研修の接続を重視して見直し，再構築するための方策についてであり，もう一つは，教師が指導力を発揮できる環境を整備し，チームとしての学校の力を向上させるための方策についてです。

　中央教育審議会は，このうち，「チームとしての学校」に関わる事項に関して専門的な議論を深めるため，2014年9月に初等中等教育分科会に「チームとしての学校・教職員の在り方に関する作業部会」を設置して審議を重ね，2015年12月に「チームとしての学校の在り方と今後の改善方策について（答申）[*1]」（以下，チーム答申）をとりまとめました。チーム答申は，①「チームとしての学校」が求められる背景，②「チームとしての学校」の在り方，③「チームとしての学校」を実現するための具体的な改善方策の3つから構成され，「チームとしての学校」像を次のように規定しています。

> 校長のリーダーシップの下，カリキュラム，日々の教育活動，学校の資源が一体的にマネジメントされ，教職員や学校内の多様な人材が，それぞれの専門性を生かして能力を発揮し，子供たちに必要な資質・能力を確実に身に付けさせることができる学校

（1）「チームとしての学校」を実現するための3つの視点

　「チームとしての学校」を実現するためには，「専門性に基づくチーム体制の構築」，「学校のマネジメント機能の強化」，「教職員一人一人が力を発揮できる環境の整備」，の3つの視点から検討を行うことが必要であるとしています。

　まずは「専門性に基づくチーム体制の構築」についてです。教師は教育の専門性を共通の基盤とした上で，教師個々が得意分野や専門性をもって，チームとして学習指導等の多様な教育活動を担える指導体制の重要性を指摘しています。加えて，心理や福祉等の専門スタッフを学校の教

育活動の中に位置づけ，教師との間での連携・分担の在り方を整備するなど専門スタッフが専門性や経験を発揮できる環境を充実していくことが必要であるとして図1のような指導体制のイメージ図を提示しました。チームとしての学校では，教育の専門性に依拠する教師と心理や医療等の専門スタッフとによる協働文化の醸成を指摘したところに注目できます。

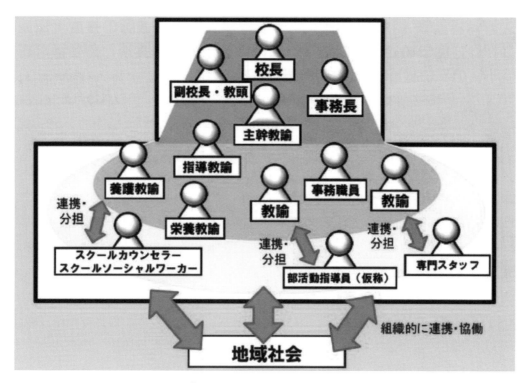

図1 「チームとしての学校」のイメージ図

（出典：文部科学省ホームページ
https://www.mext.go.jp/b_menu/shingi/chukyo/chukyo3/siryo/attach/1365408.htm）

　次に，「学校のマネジメント機能の強化」及び「教職員一人一人が力を発揮できる環境の整備」についてです。これらは，基本的に「専門性に基づくチーム体制の構築」を行う上での視点として位置づけられます。前者は校長のリーダーシップの重要性を確認するもので，優秀な管理職を確保することや，事務機能の強化等，校長のマネジメント機能を支える仕組みの充実を図るものです。後者は，教職員や多様な専門スタッフ等で組織化される学校で，教職員一人一人が力を発揮できるように，教育委員会や校長等が人材育成や業務改善等の取組みを進めるとするものです。

（2）「チームとしての学校」と家庭，地域，関係機関との関係

　「チームとしての学校」は，各学校が保護者・家庭，地域，関係機関との関係の下で効果的に機能するという前提を確認するものです。教師は，学校教育の枠組みから幼児児童生徒（以下，児童等）に必要な資質・能力を育むことに役割があり，これとは異なる家庭教育や社会教育の役割を担う家庭や地域との連携・協働にこそ意義があるとみなすものです。学校における教職員の職務多忙化や家庭・地域における教育機能の脆弱化が指摘される中で，相互補完的で，包括的な組織体制の構築を求めるものといえます。

　チーム答申では，学校と地域が連携・協働して，学校を核とした地域づくりや教育を目指していくために，コミュニティ・スクール等の仕組みを提案しています。ちなみに，コミュニティ・

スクール（学校運営協議会制度*²）は，学校と地域住民等が力を合わせて学校の運営に取り組むことが可能となる「地域とともにある学校」への転換を図るための有効な仕組みです。コミュニティ・スクールでは，学校運営に地域の声を積極的に生かし，地域と一体となって特色ある学校づくりを進めていくことができるとされます。

2．中央教育審議会「『令和の日本型学校教育』を担う教師の養成・採用・研修等の在り方について～「新たな教師の学びの姿」の実現と，多様な専門性を有する質の高い教職員集団の形成～（答申）」

　2021年1月の「『令和の日本型教育』」の構築を目指して～全ての子供たちの可能性を引き出す，最適な学びと，協働的な学びの実現～（答申）」では，個別最適な学びと協働的な学びによる「令和の日本型学校教育を実現するための教職員の養成・採用・研修などの在り方」を今後さらに検討すべき事項の一つとして提起しました。

　これに引き続き，2021年3月に文部科学大臣は，中央教育審議会に「『令和の日本型学校教育』を担う教師の養成・採用・研修等の在り方について」を次の事項について諮問を行いました。①教師に求められる資質能力の再定義，②多様な専門性を有する質の高い教職員集団の在り方，③教員免許の在り方・教員免許更新制の抜本的な見直し，④教員養成大学・学部，教職大学院の機能強化・高度化，⑤教師を支える環境整備の5つです。中央教育審議会は，特別部会の下に基本問題小委員会を設置して議論をすすめました。2022年12月に，「『令和の日本型学校教育』を担う教師の養成・採用・研修等の在り方について～『新たな教師の学びの姿』の実現と，多様な専門性を有する質の高い教職員集団の形成」を答申（以下，令和4年答申）しました。

　本稿では，このうち，チーム答申の提言を受けた議論がどのように行われたのかについて取り上げることとします。

　このことについては，答申の総論の「4．今後の改革の方向性」(2) 多様な専門性を有する質の高い教職員集団の形成として，次のように整理されました。

　一つは，教職員集団の多様化です。学校を取り巻く諸課題に対応するためには，個々の教師の資質能力の向上だけでは限界があるとして，教職員集団の適度な多様性が必要であるとしています。「チームとしての学校」の理念の下，スクールカウンセラー（school counselor；以下，SC）や医療的ケア看護職員等の多様な人材がそれぞれの専門性を生かしながら児童等への対応等に携わっている現状を取り上げ，今後も学校組織が多様な専門性等を有す人材との関わりを持ち続けるほかに，このような人材の積極的な登用の重要性を指摘しています。もう一つは，学校管理職の役割です。教職員集団が持てる力を発揮する前提として指摘されました。学校管理職には，これまでの教育者としての資質や能力に加えて，学校内外の関連の情報を収集・分析・共有するアセスメントや，学校内外の関係者の相互作用による学校の教育力を最大化するファシリテーションの能力を求めています。

第2節 特別支援教育における チーム導入と類型化

　「チームとしての学校」は，教師が教育の専門性に基づいて多様な関係者と協働して，児童等に必要な資質・能力を身に付けさせる学校とされ，これを実現するために校長のリーダーシップの下で学校マネジメントの強化や行政の支援などの必要性が指摘されました。

　ここでは，特別支援教育において複雑化・多様化する課題に的確に対応するために，多様な人材を登用し，教師とチームを組んでそれぞれの専門性に基づいて教育活動にあたることに注目します。

1．特別支援教育における「チーム」の導入の背景

　特別支援教育においては，特殊教育制度の時代から教師が多様な関係者とチームを組み，諸課題に向き合ってきました。ここでは論を進める上で，まずチームとは何かについて定義し，特別支援教育においてチームを導入してきた背景を概観します。

（1）チームの定義

　答申ではしばしばチームの用語を使用していますが，チームとは何かについては明確に定義されていません。チームの用語の使用を分析すると，教師と関係者がそれぞれの専門性を生かし，連携・協働して教育活動に従事することが含意されていることがわかります。教育学分野における関連する用語の定義を勘案して，チームの構成員，チームの目的と成員の役割の視点から整理します。

　チームの構成は，複数の教師あるいは教師と関係の専門家等の2つに分けることができます。チームの目的と成員の役割は，「学習の主体である一人一人の児童等の効果的な学習を達成する，あるいは学習の基盤を培うことを目的」とし，成員は「それぞれの専門性や得意分野を生かし，目的の達成のために成員間で協働して教育活動に従事すること」とします。チームにあって教師は，教育の専門性の自覚を前提とした関係者との連携の下に協働が成立するとの考え方に立つものです[*3]。後述するように，このことは，児童等の効果的な学習を達成するだけではなく，教師の関係者との協働による新たな課題解決を通した教師の成長（professional development），換言すれば「チームで育つ教師」が期待できるのです。

（2）チーム導入の歴史的背景と学習指導要領における関連規定の整備
①養護・訓練の成立

　戦後の我が国の特殊教育制度においては，盲学校，聾学校及び養護学校は学校教育法第71条[*4]に小学校等に準ずる教育を行うとされ，これを前提に教育課程の基準となる学習指導要領が制定，施行されてきました。しかし，1956年の公立養護学校整備特別措置法の公布以降に順次養護学校が整備される過程において，在籍する児童等の障害の重度・重複化が顕在化することになりました[*5]。小学校等に準ずる教育を行うだけではなく，学校教育法第71条の後段部に対応した特別

の訓練等の指導に対する要請が高まり，1971年3月告示の特殊教育諸学校小学部・中学部学習指導要領において養護・訓練*6が誕生しました。障害種によって規定は若干異なるものの，同学習指導要領には，第5章養護・訓練の第3の指導計画の作成と内容の取扱いとして，養護・訓練と各教科等との関連，教師と関係者との協力について次のような規定が整備されました。

第5章 養護・訓練　第3 指導計画の作成と内容の取扱い
1　指導計画の作成に当たっては，次の事項について配慮するものとする。
　(2) 各教科，道徳および特別活動における指導と密接な関連を保つようにし，組織的，計画的に指導できるようにすること。
　(3) 児童または生徒の心身の障害の状態により，特に必要がある場合には，専門の医師およびその他の専門家と密接な連絡をとり，適切な指導ができるようにすること。
5　養護・訓練の時間の指導は，専門的な知識，技能を有する教師が中心となって担当し，全教師の協力のもとに，効果的な指導を行なうようにすることが必要である。

---

②自立活動への改訂と個別の指導計画作成の義務化

　1979年の養護学校教育の義務制の実施を経て，特別支援教育制度に転換した今日においても，さらに障害の重度・重複化の傾向にあるといえます。1999年告示の特殊教育諸学校小学部・中学部学習指導要領では，養護・訓練が子どもの主体的な学習であることをよりわかりやすく示すために自立活動に改めるとともに，自立活動の指導にあたっては，授業のデザイン過程（実態把握，指導目標・内容の設定）を明確にするための個別の指導計画の作成を義務づけました。

③特別支援教育制度への転換とインクルーシブ教育システム

　2007年から特殊教育は特別支援教育へと制度転換されました。特別支援教育制度では，小学校等の通常の学級に在籍するLD，ADHD等の発達障害者を通級による指導の対象としたこと，特別支援学校に新たに地域の特別支援教育のセンター的機能を付与したこと，などを特徴としてあげることができます。インクルーシブ教育システム構築にあたり，特別支援教育を推進することが確認され，2017年告示の小学校学習指導要領では，特別支援学級及び通級による指導においては自立活動を取り入れるとともに，次のように関係者及び関係機関との連携を図ることの規定が整備されました。なお，2017年4月告示の特別支援学校小学部・中学部学習指導要領では，養護・訓練が成立した際に整備された関係者間の連携・協力に係る規定は基本的には残しています。

第1章 総則　第3 個別の指導計画の作成と内容の取扱い
第4 児童の発達の支援　2 特別な配慮を必要とする児童への指導
　(1) 障害のある児童などへの指導
　　ア　障害のある児童などについては，特別支援学校等の助言又は援助を活用しつつ，個々の児童の障害の状態等に応じた指導内容や指導方法の工夫を組織的かつ計画的に行うものとする。
　　ウ　障害のある児童に対して，通級による指導を行い，特別の教育課程を編成する場合には，特別支援学校小学部・中学部学習指導要領第7章に示す自立活動の内容を参考とし，具体的な目標や内容を定め，指導を行うものとする。その際，効果的な指導が行われるよう，各教科等と通級による指導との関連を図るなど，教師間の連携に努めるものとする。
　　エ　障害のある児童などについては，家庭，地域及び医療や福祉，保健，労働等の業務を行う関係機関との連携を図り，長期的な視点で児童への教育的支援を行うために，個別の教育支援計画を作成し活用することに努めるとともに…（以下，省略）

　このように我が国の特別支援教育においては，学びの場を問わず在籍者の障害が重度・重複化しており，このことが医療的ケアを必要とする児童等の増加につながっているといえます。近年のインクルーシブ教育の理念の広がりは，就学先の決定の在り方が見直されたことも相まって，障害の重度・重複化する子どもの地域の小学校等への就学を指向させることとなっています。チーム答申にも示されたように，近年では小学校等における医療的ケアを必要とする児童等の存在に目が向けられるようになっています。

④小学校等における特別支援教育の量的拡大と質保証

　特別支援教育の対象となる児童等の障害が重度・重複化する一方で，障害の多様化についても留意しておく必要があります。ここではとくに，LD，ADHD等の発達障害のある児童等をとりあげます。2006年度からLD，ADHD等の発達障害のある子どもは，通級による指導の対象とされました。今日，特別支援学級の在籍者が知的障害や自閉症・情緒障害を主に増加する中で，通級による指導ではLD，ADHD等が急増しています。

　国は，通級による指導の充実を図るために，次の2つの施策を実施しました。一つは，通級による指導の基礎定数化[*7]です。公立義務教育諸学校の学級編制及び教職員定数の標準に関する法律の一部改正を行い，2017年度から通級による指導のための基礎定数を新設しました。もう一つは，高等学校に通級による指導を導入したことです。小・中学校等において通級による指導の対象が急増していることから，切れ目ない指導支援体制を構築するために，2018年度から高等学校に通級による指導を導入しました。今後，通級による指導の対象者はさらに増加することが想定でき[*8]，その指導・支援の質の確保が求められることになります。特別支援教育に携わる教師は，関係者との協働の下，一人一人の児童等の個別の指導計画を作成し，自立活動に係る授業の実施，評価・改善の過程を具現することが期待されるのです。

2．特別支援教育におけるチームの類型化

　チームは，複数の教師あるいは教師と関係の専門家等をもって構成するとしました。我が国の特別支援教育に関わる課題は，先に示した児童等の障害の重度・重複化，多様化をはじめ，学校内外の不確実な状況も相まって，実に複雑かつ多様です。当然，これに対応するチームも多様な形態にあることが想定できます。そこで，ここでは多様な形態をとるチームを，次の3つの視点から類型化を試み，本書第二部において取り上げる事例の選定の根拠とします。

（1）類型化の視点

　第一は，場の視点です。

　チームの構成員がどの場において協働するかというものです。ここでは学びの主体である児童等の学びの場に着目し，特別支援学校あるいは小学校等の「教室」，「学校」，「地域」を基盤とした協働を取り上げます。

　第二は，構成員の視点です。

　チームは誰によって構成され，教師は誰と協働するのかというものです。教師間の協働，あるいは教師と関係専門家等との協働の2つのタイプに分類できます。

　第三は，時間軸の視点です。

　児童等の学びは，生涯を見通したものでなければなりません。学びの履歴を踏まえ，学校教育

終了後に求められる資質・能力の育成へとどのようにつなげるのかに依拠するものです。関係者間の協働により，児童等の生涯を見通した切れ目ない指導・支援を，どのように具現するのかを取り上げます。

（2）チームの類型化

これらの視点からチームを類型化すると，図2のようになります。

場に着目した第一軸では，①「教室」を基盤とした関係教師の協働（Classroom-based teacher collaboration），②「学校」を基盤とした教師と外部専門家との協働（School-based collaboration between teachers and experts），③「地域」を基盤とした教師と関係者との協働（Community-based collaboration between teachers and stakeholders）の3つを配置しました。そして，第二軸では，①「教室」における授業過程に着目して授業のデザイン−実施−評価・改善の機能を，②「学校」における外部専門家の導入とこれを支える体制整備を，③「地域」における学校教育との連続性に着目し，就学前・在学中・卒業後をそれぞれ配置することとしました。特別支援教育におけるチームによる協働の事例については，第一軸と第二軸をもって構成し，事例の配置を行うこととしました。

図2　「チームで育つ教師」の協働の場の類型化

第2章

チームの協働による教師の成長と課題

第1節　教職は専門職とみなせるか？

　専門職に関する議論は，これまで様々な場において盛んに行われてきました。教職は専門職かの命題もそれら議論の一つとなります。当該命題に関わる当初の議論では，専門職には一定の特性が備わっていることが前提とされてきました。「提供するサービスには知的な技能が重視されること」，「職業人個々あるいは職業集団全体にとって広範囲の自律性が認められること」などが要件の一例です。これら特性を満たしていない教職は専門職とはいえないということになります。

　当然，この考え方に対しては，特性を完全に満たす職業がどれほどあるのかといった疑問が投げかけられることになりました。そして後に特性は満たすべきものではなく，専門職の理想として目指すべきものとする考え方の台頭につながりました。教師は教職生活を通じて理想的な専門職を目指すべき存在として意味づける考え方です。この考え方には，教師は教職としての役割を自覚し，自らの教育実践を対象化して研究することによる教師発達（teacher development）あるいは教師の専門性発達の概念が含まれることになります。

　以上のように，要件を満たさないから教職は専門職ではないと否定的に捉えるものではないことを確認しておきます。長い教職生活を通して教師個人がどのように自らの理想を描き，どのように実現しようとするのかの過程に目を向けることが大切なのです。このことは，変動の激しい社会にあって，教師に求められる専門性の育成に関して，高い感度をもって対応することを可能とするといえます。教職年数を重ねることは，専門職としての高度化の必要な条件となりえますが，十分条件とはならないのです。

第2節　教師の専門性としての協働モデルの意義と要件

　これまで教師の専門性については，教師個人がどのような知識・技能・態度を身に付けているのかに着目した個人モデルを中心に語られることが多かったといえます。個人モデルに基づく教師の専門性は，教師の養成・採用・研修の核心的な課題とみなされ，今日，その在り方について議論が重ねられました（文部科学省，2022）。一方で，特別支援教育分野における教師の専門性に関する学術的な解明は緒に就いたところであり（例えば，内海・安藤，2020），今後，継承，発展すべき課題の一つとして知見の蓄積が期待されています。

1．協働モデルとは

　特別支援教育の現場においては，在籍する児童等の障害の重度・重複化，多様化により，教師が遂行あるいは解決する課題の複雑化，困難化を指摘できます。このことは，教師の専門性としての個人モデルに基づく課題の遂行，解決の限界を示唆し，新たな教師の専門性としての協働モデルをクローズアップさせました（安藤，2021）。

（1）教師の専門性としての協働モデル

　協働モデルは，教師と関係者がそれぞれの専門性や責任に基づき，協働して課題の遂行あるいは解決し，学校教育の改善を図るものです。関係者とは，チームの定義から，同僚教師と専門スタッフ等となります。

　教師の大量退職を経て，現在，特別支援学校では，若手教師の占める割合が多くなり，その一方でミドル・リーダーとなる中堅教師が減少しています。そのような状況下で，一定の教職経験を有す教師が若手教師と協働して，直面する教育課題の遂行，解決にあたることは，結果として関係教師の専門性の発展に寄与することが期待できます。繰り返しになりますが，協働は教師と関係者との連携，協力による学校教育の改善に貢献するとともに，関与した教師と関係者の専門性育成にフィードバックされることになるのです。

（2）教師と関係者との協働の意義

　ここでは特別支援教育における今日的課題の一つである医療的ケアを取り上げ，教師と看護師等との協働の意義について整理します。

　医療的ケアはそもそも医療行為であることから，医学的，法律学的には教師の関与は許容されません。したがって，個人モデルに基づく教師の専門性として対応する課題にはなりえませんでした。今日の医療的ケアを必要とする児童等が急増する中で，国は看護師を導入した教師との協働による医療的ケアのモデル事業[9]を提案しました。これらモデル事業を通して，医療的ケアは，①学校教育の現場において，②限定した医療行為を，③一定の要件を満たした教師が看護師

等と協働して実施することで，教育面での成果があるとされる[*10]所以であり，ここに教育の専門性を有す教師が医療の専門スタッフと協働することの意義をあげることができるのです（安藤，2024）。

2．協働モデルとしての要件と課題

（1）協働モデルの要件

　教師が関係者と連携して，様々な課題の遂行と解決にあたることは，日常的に観察できるようになっています。しかし，これをもって協働モデルに基づく取組みとみなすことはできません。

　「教室」，「学校」，「地域」における教師と関係者との協働モデルに基づく取組みであるためには，次の要件が求められます。

　第一は，教師は教育の専門性に基づいて関係者と協働することです。

　教師は「教室」，「学校」，「地域」を基盤に同僚教師をはじめ，様々な専門家・専門機関と連携して教育活動を展開します。教師間にあってはそれぞれの専門性や得意分野が，関係の専門家等との間にあっては教育の専門性が，それぞれ発揮されているかということです。特別支援学校（肢体不自由）では，教師の自立活動の専門性の向上に資するために，理学療法士（Physical Therapist；PT），作業療法士（Occupational Therapist；OT），言語聴覚士（Speech Therapist；ST）などの外部専門家を導入しています。各学校は，医療の専門家をどのように導入，活用すると，教師の専門性を発揮しつつ，その向上につながるのかについて確認しておく必要があります。

　第二は，教師は自らの役割あるいは責任に基づいて関係者と協働することです。

　「教室」における同僚教師との協働の取組みとして，チーム・ティーチング（Team Teaching；以下，TT）[*11]をあげることができます。TTでは，複数の教師がそれぞれ役割をもって授業者として児童等の学習に向き合うことになります。個々の教師の授業における役割意識の自覚と教授行動は，児童等の主体的な学習を促すチーム力の指標となります。

　第三は，教師は関係者との協働した取組みの目的に迫るための効果的な手続きをもって関係者と協働することです。

　特別支援学校においては，自立活動の指導にあたって個別の指導計画を作成することが義務づけられています。学習指導要領の改訂により，小学校等における障害のある児童等に関しても，自立活動を導入し，個別の指導計画の作成・活用が明示されたことはすでに述べた通りです。国は，作成の主体である各学校の実態等が異なることから，一律に個別の指導計画の様式は示せないとの方針から，その様式を示していません。そのため，各学校は，個別の指導計画における実態把握から指導目標及び指導内容の設定までの一連の手続きを具体化し，個別の指導計画の様式に明記することになります。複数の教師によって個別の指導計画を作成する場合は，より複雑な決定過程となることから，一連の手続きを明確にしておく必要があります。保護者等に対して，なぜ，この指導なのかを説明するための個別の指導計画においては，そのプロセスが可視化されることが大切になるのです（安藤，2021）。

（2）チームが協働する上で克服しなければならない課題は何か

　教師が関係者とチームを組み，教育活動等に従事する上で，留意しなければならない課題は何

でしょうか。今後，多様なチームによる協働的アプローチを構想，展開するときに，留意すべき課題をあげます。

第一は，チームにおいて成員の手抜きが行われる可能性です。

複数の成員で構成するチームでは，成員個人で活動するのに比べて，個々の活動やその努力が見えにくくなります。このことは，成員の責任の自覚を薄れさせ，手抜きが起きやすくなると指摘されています（例えば，安藤，2021）。

第二は，チームでは同調圧力がかかりやすいことです。

チームの成員に経験や専門知識などの差異がある場合，特定の規範，基準に基づく行動を求める心理的な圧力が生じることがあります。とくに，教室内の閉ざされた場においては，昨年はこうであったとする前例主義が優位となり，新たにチームに加わった成員は暗黙のうちに従わざるを得ないという雰囲気を醸しだしやすいのです。

第三は，チームによる協働には時間がかかることです。

チームを先に掲げた協働モデルに基づく取組みであるための要件を満たすためには，時間的コストや精神的な負荷がかかります。動いていない車は動かすときに最もエネルギーを要することと同じです。職務多忙が指摘される教師にとって，負担に感じることは避けたいと思うでしょう。負担は少なくしつつ，手抜きなどが回避される手続きの開発が待たれるところです。

複雑化する社会にあって，教師がチームとして課題に取り組むことの意義は大きいといえます。しかし，チーム内における斉一性による教師個人の埋没化などが指摘される中で，チームへの過大な期待も避けなければなりません。チームとして協働することによるパフォーマンスを最大化するためには，あらためて次のような要件を確認しておきます。一つは，チームにおける教師個人の専門性，役割の明確化とこれに基づく行動が求められることです。もう一つは，年齢・経験や役割が異なる成員から構成されるチームにおいては，柔軟で，自由な雰囲気を醸成し，創造的な規範を形成することです。チームで成長する教師とは，これら要件等の確保に対する挑戦により育成されるでしょう。

[注]
*1 「チームとしての学校の在り方と今後の改善方策について」（答申）：次のURLを参考
https://www.mext.go.jp/b_menu/shingi/chukyo/chukyo0/toushin/1365657.htm
*2 地方教育行政の組織及び運営に関する法律第47条の5に基づき，学校運営協議会は，当該学校の運営及び当該運営への必要な支援に関して協議する機関として，教育委員会がその所管に属する学校に設置できるとされます。学校運営協議会の主な役割は，①校長が作成する学校運営の基本方針を承認する，②学校運営に関する意見を教育委員会又は校長に述べることができる（第6項），③教職員の任用に関して，教育委員会規則に定める事項について，教育委員会に意見を述べることができる（第7項），の3つです。
*3 チームとしての学校の在り方と今後の改善方策について（答申）では，「連携・分担」と「連携・協働」の使用について，次のように定義しています。「連携・分担」は，「校長の指揮監督の下，権限や責任が分配されている教職員や専門スタッフとの間の関係など，学校内の職員間の関係に用いる。「連携・協働」は，学校と家庭や地域との間の関係や，学校と警察，消防，保健所，児童相談所等の関係機関との間の関係など，学校と学校から独立した組織や機関との関係に用いる。「連携・分担」と「連携・協働」の双方が含まれる場合は，まとめて「連携・協働」として表現する。」としています。
*4 特別支援学校の目的は，現在，第72条に規定されています。
*5 肢体不自由養護学校では，1960年代以降に在籍者の起因疾患のうち，ワクチンの開発・投与によってポリオが，早期発見・治療によって先天性股関節脱臼が，そして公衆予防衛生の制度化などによって結核がそれぞれ急激に減少し，相対的に脳性まひの割合が高くなりました。脳性まひは，脳レベルの疾患であり，病変の部位や広がりによってさまざまな障害を随伴することになります。このように，短期間に起因疾患の大きな変化が重複障害者の増加につながってい

ます。

＊6　養護・訓練は，1971年告示の特殊教育諸学校学習指導要領において初めて規定された領域です。特殊教育諸学校における教育課程は，各教科，道徳，特別活動に養護・訓練を加えて編成することとなりました。1999年告示の特殊教育諸学校学習指導要領で，自立活動と改められ，自立活動の指導にあたっては個別の指導計画の作成が義務づけられました。

＊7　児童等13人に対して教師1人を配置するものです。

＊8　文部科学省(2021)の「通常の学級に在籍する特別な教育的支援を必要とする児童生徒に関する調査結果について」によれば，「知的障害はないものの学習面又は行動面で著しい困難を示す」者は，小・中学校で8.8％と推計されました。これらの児童等については，今後，通級による指導の整備にともなってその対象となることが想定されます。

＊9　文部省と厚生労働省は，2003年度から2年間にわたり，都道府県などの自治体に委嘱して「養護学校における医療的ケアに関するモデル事業」を実施しました。

＊10　2004年度に厚生労働省に設置された「在宅及び養護学校における日常的な医療の医学的・法律学的整理に関する研究」において，モデル事業の下で実施された3つの行為(たんの咽頭前吸引，留置された管からの栄養注入，導尿の補助)は，おおむね安全に実施され，授業の継続的な参加，登校日数の増加などの教育面での成果が確認されました。

＊11　チーム・ティーチングとは，「複数の教師がティームを作り，各々の専門性に立って授業経営過程(計画―実施―評価)における責任を分担し，児童・生徒に対して大・中・小の学習集団を柔軟に駆使し，あるいは個別指導を伴いながら教科・領域等の指導を行うシステム」をいいます(日本教育方法学会，2004)。

[文献]

安藤隆男(2021)新たな時代における自立活動の創成と展開－個別の指導計画システムの構築を通して．教育出版．

安藤隆男(2024)第10章「特別支援教育の現状と課題Ⅰ－特別支援学校」．安藤隆男(編著)．特別支援教育要論，北大路書房．

文部省(1968)小学校学習指導要領．

文部科学省(2022)特別支援教育を担う教師の養成の在り方等に関する検討会議(報告)．

日本教育方法学会(2004)現代教育方法事典．図書文化．

日本教育工学会(2000)教育工学事典．実教出版．

内海友加利・安藤隆男(2020)肢体不自由特別支援学校教師の教職キャリアにおける個業性と協働性の認識．障害科学研究，第44巻，33-45．

第二部

各 論

第1章

「教室」を基盤とした関係教師の協働

第**1**節 授業における チーム・アプローチ

1．障害のある児童等に対する教育課程の編成

（1）教育課程とは

　教育課程とは，学校教育の目的や目標を達成するために，教育の内容を児童等の心身の発達に応じ，授業時数との関連において総合的に組織した各学校の教育計画のことをいいます（文部科学省，2017a）。教育課程の編成における基本的な要素は，学校の教育目標の設定，指導内容の組織及び授業時数の配当です。教育課程は，各学校の教育活動の中核として最も重要な役割を担うものであり，各学校においては，全教職員の協力体制の下，組織的かつ計画的に教育活動の質の向上を図るカリキュラム・マネジメント[*1]の促進が求められています。

（2）実態に応じた教育課程の編成

　障害のある児童等の教育課程は，その実態に応じて柔軟に編成されています。以下では，様々な教育課程の概要について説明します。

①小学校等に準ずる教育課程

　視覚障害者，聴覚障害者，肢体不自由者又は病弱者である児童等に対する教育を行う特別支援学校においては，各教科の目標，各学年の目標及び内容ならびに指導計画の作成と内容の取扱いについて，小学校等の学習指導要領に準ずるものとされています（以下，準ずる教育課程）。ここでいう「準ずる」とは，原則として同一ということを意味しています。小学校等と同一の目標や内容である各教科，道徳科，外国語活動，特別活動を扱うとともに，特別な指導領域である自立活動について，特に示す場合を除き，いずれの学校においても取り扱うこととされています（文部科学省，2017b）。

②知的障害者である児童等に対する教育課程

　知的障害者である児童に対する教育を行う特別支援学校（ここでは小学部を取り上げます）においては，知的障害の学習上の特性等[*2]を踏まえた各教科（以下，知的教科），道徳科，特別活動ならびに自立活動について，特に示す場合を除き，全ての児童に履修させるものとされています。また，外国語活動については，児童や学校の実態を考慮し，必要に応じて設けることができます（以下，知的障害の教育課程）。中学部，高等部においても同様に，知的障害の教育課程について学習指導要領に記載されています[*3]。

③重複障害者等に関する教育課程の取扱いの規定

　準ずる教育課程においても知的障害の教育課程においても，「特に示す場合を除き」という記載がなされています。では，「特に示す場合」とはどのような場合でしょうか。障害のある児童等においては，小学校等と同様の教育課程を編成することが原則となりますが，これに加えて自立活動が編成されていることや，学習上の特性等それぞれの実態を考慮し，特に必要がある場合に，その取扱いを柔軟に編成することができるようになっています。学習指導要領に示されている具体的な取扱いについては，以下の通りです（文部科学省，2017b）。

---

① 各教科及び外国語活動の目標及び内容に関する事項の一部を取り扱わないことができること

② 各教科の各学年の目標及び内容の一部又は全部を，当該各学年より前の各学年の目標及び内容の一部又は全部によって，替えることができること。また，道徳科の各学年の内容の一部又は全部を，当該各学年より前の学年の内容の一部又は全部によって，替えることができること

③ 視覚障害者，聴覚障害者，肢体不自由者又は病弱者である児童に対する教育を行う特別支援学校の小学部の外国語科については，外国語活動の目標及び内容の一部を取り入れることができること

④ 中学部の各教科及び道徳科の目標及び内容に関する事項の一部又は全部を，当該各教科に相当する小学部の各教科及び道徳科の目標及び内容に関する事項の一部又は全部によって，替えることができること

⑤ 中学部の外国語科については，小学部の外国語活動の目標及び内容の一部を取り入れることができること

⑥ 幼稚部教育要領に示す各領域のねらい及び内容の一部を取り入れることができること

　また，その他にも，知的障害と他の障害を併せ有する者については，各教科の目標及び内容に関する事項の一部又は全部を，知的教科の目標及び内容の一部又は全部によって，替えることができること（以下，知的代替の教育課程）や，重複障害者のうち，障害の状態により特に必要がある場合には，各教科等の目標及び内容に関する事項の一部又は各教科，外国語活動若しくは総合的な学習の時間に替えて，自立活動を主として指導を行うことができること（以下，自活主の教育課程）の規定があります。これらが「特に示す場合」にあたります。

2. 各教科等と自立活動における授業の相違と関連
（1）各教科等と自立活動における授業の構造

　授業は教職の中核をなす仕事です。児童等一人一人の可能性を伸ばし，新しい時代に求められる資質・能力を確実に育成していくために，教師は目の前の児童等の教育的ニーズを的確に把握し，きめ細やかな指導をする授業力を向上させていかなければなりません。授業は，計画（Plan）－実施（Do）－評価（Check）－改善（Action）という一連の活動（PDCAサイクル）で成り立っています。各教科等及び自立活動ともに，PDCAサイクルを絶えず機能させ，授業改善をはかり，より良い授業を実現させていくことが重要です。では，各教科等と自立活動の違いは何でしょうか。その違いは，授業の計画段階にあります。授業者は，それぞれの授業の違いについて，しっかりと理解し，密接な関連を図りながら授業改善をはからなくてはなりません。以下では，それぞれの授業の構造について，説明していきます。

①各教科等の授業の構造

　各教科等では，目標や内容が学習指導要領に系統立てて示されています。そのため，授業者は，示されている目標及び内容をもとに，それぞれの教科における児童等の学習状況を把握することから授業を計画します。授業者は，学習指導要領に示されている各教科等の目標や内容を把握した上で，児童等がどの段階の学習状況（何年生，何段階相当）なのかを判断し，その段階に適した目標や内容を考え（Plan），授業を実施（Do）します。学習指導要領を具現化したものが教科書となりますので，教師は教科書等も参考にして授業を計画することができます。その後，実施された授業を適切に評価し（Check），次の段階の目標や内容に基づいて授業を再度検討します（Action）。この構造は，知的教科においても同様です。

　各教科等は，その目標や内容が学習指導要領等に児童等の生活年齢に即して系統的・段階的に示されていますので，それらを順に教育することにより人間として調和のとれた育成が期待できます（文部科学省，2018）。各教科等の内容は，取扱い方に軽重を付けたり，順番を工夫することはあっても，「この内容（単元）だけを教えよう」とか「この内容（単元）は取り扱わない」といった考え方はせず，すべての児童等に対して確実に指導しなければならないものとして示されています。

②自立活動の授業の構造

　自立活動は，特設された自立活動の時間（自立活動の時間における指導）を基盤としながら，学校の教育活動全体を通じて適切に行います。自立活動においても，各教科等の授業と同様にPDCAサイクルで授業を行うことは変わりありません。しかし，自立活動においては，各教科等と異なり，あらかじめ教えるべき目標や内容が学習指導要領等に示されておらず，参考とすべき教科書等もありません。授業においては，指導する教師が一人一人の児童等の実態等を適切に把握し，課題を明確にした上で授業を計画することになります。学習場面や生活場面で見られる児童等の強みや困難などについて実態把握を行い，指導すべき課題である中心的な課題[*4]を抽出します。そして，その中心的な課題にせまる自立活動の指導目標を設定し，学習指導要領に示される6区分27項目の内容の中から必要な項目を選定し，それらを相互に関連付けて具体的な指導内容を選定します。自立活動の内容は，「すべてを指導すべきもの」として示されているものではなく，中心的な課題から導き出された自立活動の目標を達成するために「この内容を指導する」と判断した際に，内容を選択し，関連付けていくことになります。

（2）各教科と自立活動における授業の評価

　授業の計画は診断的評価に基づいて行われ，授業の過程は絶えざる形成的評価の連続であるという意味で，この一連の活動を診断的評価→形成的評価→総括的評価という評価の実践過程と見ることもできます（浦崎，2009）。診断的評価（diagnostic evaluation）は，児童等の学びの履歴や興味・関心などの実態を指導前に把握することです。診断的評価をもとに，授業の目標や内容を計画します。形成的評価（formative evaluation）は，指導の過程において，児童等の学習状況を把握するものです。形成的評価をもとに，児童等にフィードバックを加えたり，授業の進め方を修正したりします。そして，児童等の最終的な学習到達度を判断するために総括的評価（summative evaluation）を行います。評価の結果によって後の指導を改善し，さらに新しい指導の成果を再度評価するという指導と評価の一体化（文部科学省，2021a）をはかりながら，よ

り良い授業の実現を目指していきます。各教科等と自立活動の指導においては，それぞれの授業の構造を踏まえると，評価についても違いがあることがわかります。

①各教科等における観点別学習状況の評価

　各教科等の授業の評価（総括的評価）は，学習状況を分析的に捉える「観点別学習状況の評価」と「評定」が学習指導要領に定める目標に準拠した評価として実施するものとされています（文部科学省，2019a）。観点別学習状況の評価については，現行の学習指導要領において，教育目標や内容の再整理を踏まえて，「知識及び技能」「思考力，判断力，表現力等」「学びに向かう力，人間性等」の3観点に整理されました。知的教科においても，文章による記述という考え方を維持しつつ，観点別の学習状況を踏まえた評価を取り入れることとすることが示され，その取組みの充実が求められています（文部科学省，2019b）。

②自立活動における目標に準拠した授業評価

　自立活動は，これまで述べてきたように，児童等一人一人の実態等に応じて指導目標や指導内容を設定しますので，設定した目標に照らしてその実現状況を評価します。各教科等のように，3観点による「観点別学習状況の評価」は想定されていません。自立活動における学習の評価は，実際の指導が個々の児童等の指導目標に照らしてどのように行われ，その指導目標の達成状況を明らかにするとともに，どのような点でつまずき，それを改善するためにどのような指導をしていけばよいかを明確にしようとするものです（川間，2017）。指導目標に照らして評価を行うので，指導目標が曖昧だと，評価も難しくなります。指導目標を導くためには，適切な実態把握が必要となりますので，自立活動の指導の評価では，まず実態把握が適切に行われているかが問われることになります。また，川間（2017）は，「指導の目標を設定する段階において，幼児児童等の実態に即して，その達成状況を具体的に捉えておくことが重要となる」とし，指導目標を設定する段階で，評価の仕方について具体的に検討しておくことの必要性を述べています。なお，授業の評価段階においては，Lecture6 及び Practice6 にて取り上げます。

（3）説明責任を果たすための個別の指導計画

　個別の指導計画は，障害のある児童等一人一人の実態に応じて適切な指導を行うために，指導の目標や内容，配慮事項などを記した計画です。1999年に告示された特殊教育諸学校学習指導要領において，自立活動の指導にあたって作成が義務付けられました。そして，現在では，特別支援学校のみならず，小学校等の通常の学級に在籍する障害のある児童に対しても，個別の指導計画を作成することが示されています。自立活動は，授業者の判断が大きく影響する指導です。そのため，なぜこの指導目標及び指導内容としたのかを，本人や保護者，関係者に説明することが求められます。個別の指導計画は，こうした説明責任を果たすためのツールとして重要な意味を持っています（安藤，2021）。

　障害のある児童等に対する指導にあたっては，一人一人の教育的ニーズ等に応じた具体的な指導目標や指導内容を設定した上で，関係する教師間において共通理解を図ることが必要です。関係する教師間の連携・協働においても，個別の指導計画の作成や効果的な活用が重要な役割を果たすことになります。なお，授業の計画段階における個別の指導計画を活用した教師間の連携については，Lecture1，2 及び Practice1，2 において取り上げます。また，各学校のカリキュラム・マネジメントにおいても，個別の指導計画の実施状況の評価と改善を，教育課程の評価と改善に

つなげていくよう工夫することとされています（文部科学省, 2017b）。個別の指導計画に基づき, 日々の授業の下で学習状況を評価し, その結果を児童等の学習や教師による指導の改善や学校全体としての教育課程の改善, 校務分掌を含めた組織運営等の改善に生かす中で, 学校全体として組織的, 計画的, 一貫性をもって教育活動の質の向上を図っていくことが求められています（村上, 2020）。

3．授業におけるチーム・ティーチング（TT）の導入と期待される成果
（1）特別支援学校における TT の導入の背景と特徴

　授業におけるチーム・アプローチにチーム・ティーチング（Team Teaching；以下, TT）があります。TT という用語は, 教育において, ごく一般的に使われており, そのねらいは, 授業を改善し, 個々の児童等の伸長を目指した教育の質の向上にあります（大野, 1995）。大野（1995）は, 一般的に実践されている TT の共通する特徴として, ①個々の児童等に対応した指導をし, 授業の改善を図ること。②複数の教師が共同して授業の計画, 実施, 評価を行うこと。授業だけではなく, 学級経営全般にわたって協力・共同して行うこと。③学習集団の弾力的な編成をすること。学級の枠を原則としながら, 指導内容によっては, 学級, 学年の枠を超え, 部全体というような大きな学習集団を構成することの3点をあげています。

　TT は, 1950 年代後半にアメリカで生まれ, 日本においては, 昭和 40 年代に学級王国になりやすい弊害の打破や高度の知識の注入を目的として導入され, 次第に普及したといわれています（淵上・松本, 2003）。特別支援学校においては, 自立活動の授業を中心に, 児童等の障害の重度化, 重複化, あるいは多様化の中で, 学習グループの編成や指導の形態などが弾力化されています。TT の導入もそのような文脈に位置づけられ, 一般的な形態として広がっています（安藤, 2021；第一部第2章参照）。

（2）TT の成果と課題
① TT に期待される成果とは

　これまで TT の成果に関しては次のような指摘が散見されます。大野（1995）は, 複数の教師が関わり, 児童等について実態把握を行うことで,「教師それぞれの偏った, 一人よがりの考え方, 見方を是正し, 児童等を多角的に把握できるとともに, 客観視できる」とともに,「それぞれの能力・特性に応じて個別指導を徹底させることができ, きめ細やかな指導も可能になる」とし, 授業の質の向上を挙げています。また, 福山（2017）は TT により「個に応じた指導の充実」や「教師と子供の関係の構築」が可能であることを述べています。このことは, 児童等一人一人に対する適切な実態把握と, それに基づくきめ細やか授業を実現する自立活動の指導において, TT は効果的であるといえます。

　また, 大野（1995）は,「チームを構成する教師は, それぞれ持ち味, 得意とする専門性を持った教師集団である。それらの専門性を出し合うことによって, 相互に学び合え, 刺激し合って, 教師としての職能成長を図っていける良さがある」として, TT による教師の成長についても言及しています。複数の教師が同じ授業に関わることで, 指導上の悩みを共有し, ともに解決に向けて指導力を高めることが期待できます。自立活動の指導上の困難さの軽減においても, 同僚との協働が有効であったことも明らかになっています（植田・安藤, 2021）。TT は, 関係する教

師集団が授業の PDCA サイクルの様々な過程において，意思決定をしていく過程であるといえますが，集団での意思決定については，個人より集団の方が全体としての記憶容量が大きく，他者との情報交換も可能であり，情報処理量も大きくなるので良い決定ができる可能性が高いこと，構成員が分有していた情報が議論の過程でそれが全体のものとして統合できれば，良い決定に結びつくことなど，多くの利点が指摘されています（釘原，2011）。

② TT において指摘される課題とは

成果への期待がある一方で，いくつかの課題も指摘されています。TT は，関係する教師集団がともに授業の PDCA サイクルを機能させるものですが，その形態については，決まった形式があるわけではありません。特別支援教育の対象となるのは，多様な教育的ニーズのある児童等です。そのため，従前より特別支援教育における TT は，児童等の多様性に応じて柔軟な方式がとられてきました。決まった方法が確立しておらず，そのことが TT 実施の困難性を増しているとの指摘もあります。竹内ら（2020）は，特別支援学校（知的障害，肢体不自由）における TT では，半数程度の教師が授業中に児童等への指導に対する授業者間でのズレや捉え違いがあると回答したことを報告しています。また，安藤（2021）は，TT による集団事態はともすると，個人の役割と責任が曖昧になりやすく，メインティーチャー（MT）となる教師の意思決定に一切をゆだね，サブティーチャー（ST）はその役割の自覚を放棄し，傍観者になるリスクがあると述べています。特に，自立活動の指導は，授業の計画段階の教師の思考や判断が授業そのものを規定する特性をもち，教師の経験や価値観，教育観等に影響を受けやすいといえます。そのため，複数教師が関与する自立活動の授業においては，授業の PDCA サイクルの一連の過程において，様々な意見の相違（対人葛藤）が生じることが明らかになっています（池田，2024）。大野（1995）も，「チームの組み合わせの仕方によっては，教師の教育観，児童等観等，教育上の基本的考え方の違いにより，指導目標・方針，具体的な指導方法等に差異が生じて，共通理解に欠けてくる恐れがあり，そのため，指導の統一がはかれなくなる場合がある。それを何とか調整しようとすると，TT は，教師の主体性や創造性を希薄にしてしまい，教師の個性，能力を生かせなくなる」とし，チームを構成する際の教師の組み合わせの難しさについて言及しています。そのため，「一人一人の教師の人間関係調整能力を必要とする組織」ともいわれています（大野，1995）。

そもそも，集団で何かしら意思決定を行う際には，少数意見を有する者に対して，暗黙のうちに多数意見に合わせるように誘導する「同調圧力（peer pressure）」や個人が単独で作業を行った場合に比べて集団で作業を行う場合の方が，1 人あたりの努力の量（動機づけ）が低下する現象を指す「社会的手抜き（social loafing）」（Latane, Williams & Harkins,1979），集団成員の平均値より極端な方向に意見がシフトする「集団極化（group polarization）」や集団で考えたものが個人で考えたものよりも劣ってしまう「集団的浅慮（groupthink）」（釘原，2011）といった，集団での意思決定における課題が出てくることはかねてより指摘されてきました。安藤（2021）は，特に「同調圧力」が強い集団での合意形成過程には，個人の独断や予断のリスクが潜むことを認識しなければならないと指摘しており，集団において協議したものが必ずしも正当性や妥当性を担保するものではないことにも留意する必要があります（第一部第2章参照）。

このような TT に関する課題を解決し，授業の質の向上や教師の成長に資するものとするためには，様々な工夫が必要です。例えば，TT の導入，実施にあたっては，授業の過程であるPDCA サイクルの各段階において，複数の教師で役割をどのように分け合い，誰が，何を基準

に，どのような手続きで意思決定を行うのかを明確にしなければなりません（安藤，2021）。また，杉野（1995）は，TTを円滑に進めるための要点として，「教師自身が自分の指導計画を見通せる力を持ち，指導の全体像をつかむことが重要」とし，個の教師の力量について言及しています。高宮（2017）も，特別支援学校におけるTTでは，集団活動であっても一人一人の課題に応じて適切にかかわることができる教師集団の力の必要性を指摘しています。教師一人一人が専門性を発揮し，チームとして高め合うことができる体制を構築することが重要です。なお，TTにおける様々な工夫については，Lecture3〜5及びPractice3〜5にて取り上げます。

[注]

＊1　小学校学習指導要領（平成29年告示）等においては，カリキュラム・マネジメントについて，「各学校においては，児童や学校，地域の実態を適切に把握し，教育の目的や目標の実現に必要な教育の内容等を教科等横断的な視点で組み立てていくこと，教育課程の実施状況を評価してその改善を図っていくこと，教育課程の実施に必要な人的又は物的な体制を確保するとともにその改善を図っていくことなどを通して，教育課程に基づき組織的かつ計画的に各学校の教育活動の質の向上を図っていくこと」と記されています。

＊2　文部科学省（2021b）では，知的障害児の学習上の特性として，「学習によって得た知識や技能が断片的になりやすく，実際の生活の場で応用されにくいことや，成功経験が少ないことなどにより，主体的に活動に取り組む意欲が十分に育っていないこと」などを挙げ，抽象的な内容の指導よりも実際的・具体的な内容の指導が効果的であることが指摘されています。

＊3　学校教育法施行規則第126条第2項において，特別支援学校の小学部の教育課程については，「生活、国語、算数、音楽、図画工作及び体育の各教科、特別の教科である道徳、特別活動並びに自立活動によって編成するものとする。」と示されています。また，中学部や高等部も同規則第127条第2項、第128条第2項において同様に規定されています。

＊4　自立活動の指導における実態把握から課題を焦点化していくにあたって，その年度の指導目標の設定に必要な課題に焦点を当てたものを中心的な課題といい，指導すべき課題とも表記されている。文部科学省（2018）には，例として，児童等が「もう少しでできること」のうち，その課題が改善されると発達が促され，他の課題の改善にもつながっていくものを中心的な課題として捉えてみることが記されています。

[文献]

安藤隆男（2021）新たな時代における自立活動の創成と展開−個別の指導計画システムの構築を通して．教育出版.

淵上克義・松本ルリ子（2003）教授組織の改革を通した学校改善過程に関する研究事例．日本教育経営学会紀要，45(0),189-197.

福山恵美子（2017）特別支援教育におけるティーム・ティーチングに関する一考察：知的障害特別支援学校におけるティーム・ティーチングの長所項目表とATの支援評価表作成を通して．大阪総合保育大学紀要，12, 111-132.

池田彩乃（2024）自立活動の指導における肢体不自由特別支援学校教師の対人葛藤とその対処方略．障害科学研究，48, 21-33.

川間健之介（2017）自立活動の指導における評価．肢体不自由教育，231, 12-17.

釘原直樹（2011）グループ・ダイナミックス−集団と群集の心理学−．有斐閣.

Latane,B., Williams,K. and Harkins,S.（1979）Many Hands Make Light the Work：The Causes and Consequences of Social Loafing．Journal of Personality and Social Psychology, 37(6),822-832.

文部科学省（2017a）小学校学習指導要領（平成29年告示）解説総則編.

文部科学省（2017b）特別支援学校幼稚部教育要領　小学部・中学部学習指導要領.

文部科学省（2018）特別支援学校教育要領・学習指導要領解説　自立活動編（幼稚部・小学部・中学部）.

文部科学省（2019a）小学校，中学校，高等学校及び特別支援学校等における児童等の学習評価及び指導要録の改善等について（通知）.

文部科学省（2019b）児童等の学習評価の在り方について（報告）.

文部科学省（2021a）学習指導要領の趣旨の実現に向けた個別最適な学びと協働的な学びの一体的な充実に関する参考資料.

文部科学省（2021b）障害のある子供の教育支援の手引き〜子供たち一人一人の教育的ニーズを踏まえた学びの充実に向けて〜.

村上直也（2020）知的障害特別支援学校における，資質・能力を育む評価の考え方．横倉久（監修）全国特別支援学校知的障害教育校長会（著）．知的障害特別支援学校における「深い学び」の実現 − 指導と評価の一体化 事例18 −．東洋館出版社，9-19.

大野由三（1995）第1章チームティーチングの基礎　1障害児教育のチームティーチング．大野由三（編）．障害児指導のためのチームティーチング．明治図書，7-16.

竹内博紀・小山瑞貴・大関毅・落合優貴子・内海友加利・安藤隆男（2020）肢体不自由特別支援学校のティーム・ティーチングにおける授業者の役割に関する調査研究 − 自立活動を主とした教育課程に注目して −．障害科学研究，44(1),87-97.

杉野学（1995）第1章チームティーチングの基礎　3チームティーチングと学級経営．大野由三（編）．障害児指導のためのチームティーチング．明治図書，25-32.

高宮明子（2017）特別支援学校における在籍者の障害の「重度・重複化，多様化」に関する論考．大阪樟蔭女子大学研究紀要，7, 189-196.

植田佐知子・安藤隆男（2021）自立活動の授業過程における肢体不自由特別支援学校教師の困難さへの対処．特殊教育学研究，59(2),73-82.

浦﨑源次（2009）．教育実践学としての授業．安藤隆男・中村満紀男（編著）．特別支援教育を創造するための教育学．明石書店，239.

デザイン段階における TT

Lecture 1　複数教師による実態把握の方法論

　自立活動の指導においては，指導する教師が一人一人の児童等の実態を的確に把握し，課題を明確にした上で指導目標及び指導内容を設定します。各教科等とは異なり，あらかじめ目標や内容が学習指導要領等に示されていません（第二部第1章第1節参照）。個々の児童等の実態に応じて指導目標や指導内容を決める必要があるため，障害の状態や特性及び心身の発達の段階，学習上又は生活上の困難等，児童等の実態を適切に把握する「実態把握」が非常に重要となります。しかし，実態把握というものは，教師の教育観や指導観，経験等にも影響を受けやすく，同じ児童等を見ていても，その捉え方には相違が見られることがわかっています。実態把握に相違が見られるということは，それらに基づいて設定される自立活動の指導目標，指導内容，そして評価においても相違が生じるということです。このような事態は，指導の継続性の困難さや他教師との共通理解の困難さを招きます。そのため，自立活動の指導は，「担任教師が代わると指導が継続されない」「ともに学級を運営する同僚教師と異なった対応をしてしまう」等の問題が長年指摘されてきました。では，複数教師が児童等の実態やそこから導き出される課題について，共通理解した上で自立活動の指導を行うために，どのような実態把握を行う必要があるのでしょうか。

　安藤（2021）は，複数教師が関与する自立活動の個別の指導計画の作成における手続きについて，「個別の指導計画システム」を提案しています。具体的な手続きについては，以下の通りです。

Step1　実態把握を行うための情報収集

　この段階では，情報の収集と情報の修正の2つの作業があります。情報の収集では，対象児童に関してそれぞれの教師が分有する貴重な情報を収集し，カード（付箋紙等）に記入します。情報の修正では，誰もが内容を共有できるように具体的，客観的に記載されているかを確認し，適宜修正作業を行います。情報は，特別支援学校学習指導要領に明示された自立活動の内容の6区分に基づき，各区分から最低1つの情報を記述するようにします。この後の作業として，情報の収束を混乱なく実施するために，カードに記載する情報は，多く収集することを目的とするのではなく，各区分の観点を網羅し，必要最低限の情報を収集することがポイントです。

Step2　情報収束による実態把握と課題抽出

　この段階では，収束技法であるKJ法（川喜田,1967）を参考にして収集した情報を整理します。

Step1 において収集した情報について，同区分内及び各区分間での関連性を整理し，「島」と呼ばれる同じ意味のまとまりを作成し，「実態把握図」として可視化します。関係性に関しては，両者が同じ情報を表している関係である「同一関係」，一方が他方との関係を離れては意味をなさないようなものの間の関係である「相関関係」，原因とそれによって生ずる結果との関係である「因果関係」，両者が矛盾する関係である「矛盾関係」等があります。

　続いて，作成した「実態把握図」から課題を抽出します。「島」同士の関係性を踏まえ，全体において影響力のある「島」を同定します。その後１年をスパンとした課題である「中心課題」や授業レベルで取り上げる課題である「基礎課題」，３年後を見越した課題である「発展課題」を設定します。

Step3　指導目標及び指導内容の設定

　抽出した課題を踏まえ，課題を達成するために必要な自立活動の指導における指導目標及び指導内容を設定します。

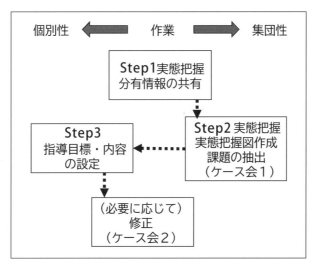

図 1-1　個別の指導計画システムの手続き

（安藤，2021 をもとに筆者作成）

　一連の手続きに関して，図 1-1 に示しました。Step1 及び Step2 においては，複数教師の協働による作業を前提としていますが，Step3 においては，授業者である各教師の専門性に委ね，個別の作業を前提にしています。

　なお，個別の指導計画は「作成の手順や様式は，それぞれの学校が児童生徒の障害の状態や発達の段階等を考慮し，指導上最も効果が上がるように考えるべきもの（文部科学省，2018）」です。「個別の指導計画システム」において示されている「流れ図」（文部科学省，2018）においても，あくまでも手順の一例として示されていることに留意する必要があります。各学校においては，児童等の実態等に応じ，創意工夫しながら個別の指導計画の作成及び活用に関わる事項について検討することが求められています。

[文献]

安藤隆男（2021）新たな時代における自立活動の創成と展開－個別の指導計画システムの構築を通して．教育出版.
川喜田二郎（1967）発想法－創造性開発のために－．中央公論社.
文部科学省（2018）特別支援学校教育要領・学習指導要領解説自立活動編（幼稚部・小学部・中学部）.

Practice 1 特別支援学校における実態把握での協働

事例ガイド

どこで	誰と	何について
肢体不自由／特別支援学校	同僚教師	P（デザイン）

ここがポイント！

- 個別の指導計画を作成する際の対象児童の実態把握において，複数教師が協働して情報の共有や整理を行ったことで，指導の方向性が一致し，授業実施や評価がしやすくなりました。
- 児童一人一人の自立活動の課題が明確になったことから，学習グループのメンバー構成や自立活動の指導内容の改善が図れました。

《関係する事例》Practice 2, 8, 11, 16

対象校・児童生徒の実態

- 本校は肢体不自由を主障害とする児童等が通う特別支援学校です。小・中・高の各学部に，準ずる教育課程，知的代替の教育課程，自活主の教育課程，訪問教育の4つの教育課程を設けています。児童等の7割近くは自活主の教育課程に在籍しており，障害の重度・重複化が顕著です。教職員数は200名を超え，組織規模の大きさも特徴の一つです。
- 対象学年の児童は11名で，全員が自活主の教育課程に在籍しています。8名の教職員（内1名は介護員）で指導しています。4つの学級を2つの教室に分け，生活や授業は教室単位で行っています。そのため，隣の教室の児童の実態がわからなかったり，同教室の児童の実態差が大きく，授業目標や授業内容の設定が難しかったりすることが課題でした。

1．なぜこのような取組みに至ったのか

　近年，特別支援学校においては，児童等の障害の重度・重複化，多様化が進んでいます。本校も同様に，日常生活のほぼ全てに介助を必要とする児童等や医療的ケアを必要とする児童等が増加しています。また，児童等の疾患も多様化してきており，個別の指導計画の作成にあたっては，実態把握や指導目標の設定に頭を悩ませている教師が多くいます。このような現状に対して，教師間の協働を活かして何か対応ができないかと考えました。

　安藤（2021）[1]の「個別の指導計画システム」は，複数の教師から情報を集めて実態把握図を作成し，各教師の知識・技術，経験をもとに課題の抽出を行う手続きが備わっています。特に複数教師で協働して手続きを実施することを重視しており，この手続きを実施することで主観的見方が排除できると同時に，個別の指導計画の作成に対する不安感を軽減することができるとされています。TT を前提として指導を行っている特別支援学校において，指導にあたる教師間の考えを擦り合わせ，指導の方向性を一致させる機会を確保することは，重要だと考えます。まずは，筆者が所属する学年で実践してみることにしました。

2．チーム構成の詳細や工夫点
（1）対象学年及び教師等の概要

　筆者が所属する小学部第2学年の児童を対象に，複数教師の協働による実態把握図の作成及び課題の抽出を行いました。

　学年の児童11名は全員，自活主の教育課程に在籍しており，ほぼ全ての児童が移動，摂食，排泄等に介助を必要としていました。教職員は担任4名，学年主任1名，学年所属教師2名（内1名が筆者），介護員1名の計8名で，4つの学級が2つの教室に分かれて学習していました。感染症予防対策もあって，学校生活や授業は教室単位で行っていたため，同じ学年であっても，隣の教室の児童の実態や授業の様子がわかりにくい状況にありました。

　教室の運営は，教室をともにする担任2名が中心となって進めていましたが，個別の指導計画については，作成主体が各担任だったため，同じ教室で生活していても担任外の児童の指導には意見しにくい状況がありました。なおさら，学年主任や学年所属教師は担任の意向を尊重しながら指導する傾向が強くなり，TT の効果が十分に発揮できているとはいえませんでした。

　授業においては，児童の実態差が大きいことから授業目標や授業内容の設定が難しく，果たして教室単位で全ての指導を完結することが適切なのかどうかと疑問を抱き始めていました。

＊1　安藤隆男（2021）新たな時代における自立活動の創成と展開−個別の指導計画システムの構築を通して−．教育出版．

（2）学年主任との協働

　個別の指導計画システムを活用して，複数教師で実態把握及び課題の抽出を実施するにあたり，学年主任の理解と協力はなくてはならないものでした。学年主任は，毎週学年会を開催し，学年の教師と相談しながら，年単位，月単位，週単位での活動計画の立案や調整を行っています。また，活動内容や児童等の出席状況に応じて，授業における教師の配置を適宜調整しています。個別の指導計画の作成においては，指導者の一人として目標や手立てを考え，評価する立案者の立場を担うとともに，個別の指導計画が適切に作成・評価されているかを確認する管理者としての立場も担っています。

　学年主任にとって，学年に所属する教師が，実態や課題を共有し，どの児童にも対応できるようにしておくことは重要な課題でした。また，個別の指導計画を確認する立場として，設定された目標の根拠の曖昧さを感じていたのと同時に，自身の経験からも実態把握や課題の抽出の難しさを感じていました。そのような学年主任でしたので，筆者が本システムの意義や手続きの流れを説明すると理解を示してくれ，率先して学年教師への説明やケース会の設定を行ってくれました。

3．実施した内容
（1）ケース会実施に向けた事前準備

　学年主任と筆者で協議し，ケース会の計画を立てました。メンバーは同教室内の教師4～5名，時期は夏季休業中，時間は児童1人につき1時間以内で計画しました。本来ならば，年度当初に実施すべき内容ですが，4月は異動により人の配置が大きく変わり，児童を安全に迎え入れるための引継ぎ（医療的ケアの補助業務や装具のつけ方，摂食や排泄の仕方等）が優先されます。また，この時期は校務分掌の仕事の引継ぎ，会議や研修会等も特に多く設定されており，時間の捻出が難しいのが現状です。それに対して，夏季休業中は比較的自由に時間を設定できるため，ケース会等時間をかけたい会議をするには適しています。加えて，本校では8月後半に個別面談を設定しているため，保護者へ根拠のある説明をしたいという思いも後押しとなり，この時期にケース会を設けることにしました。

　学年主任は学年に所属する児童の実態と課題を把握するために，筆者はケース会のファシリテーター役を担うために，全児童のケース会に参加することにしました。ケース会の詳細なスケジュールは，学年主任が学年の教師の動静を把握し設定しました。筆者は，事前に学年の教師に付箋紙と「情報を書き出すときのルール」を記した資料[*2]を配付して情報カードの作成を依頼しました。またケース会当日は，話し合う環境の設定と，模造紙，ハサミ，セロハンテープ，白紙等使用する道具類の

*2 「情報を書き出すときのルール」は以下の3点です。
①1枚の付箋紙に記述する情報は1つだけにすること。②主観を入れず見たままの状態を言語化すること。③付箋紙は接着面を左側にして横向きに使い，右端下には記入者名と記入日を記載すること。

準備を行いました。

（2）第1回ケース会（実態把握及び課題の抽出）

①対象児の情報の共有

ケース会は，事前に情報を記述しておいた付箋紙（以下，情報カード）を持ち寄り，読み上げるところからスタートしました。児童の気になる様子をあげていくと，同じ視点で児童を捉えていることが確認できたり，自分のもっていない視点に気づかされたりしました。

②情報の収束・実態把握図の作成

似通った内容の情報カードを集めて「島」を作って表札を付ける作業と「島」同士の関係性を記号で結ぶ作業を行いました。

作業を効率的に進める工夫として，事前にサイズの異なる白紙を用意しておきました。情報カードを出し合う段階で，似通った内容のものを同じ白紙に貼っていき，情報カードを出し切った段階で「島」が出来上がるようにしました。この「島」は単体で動かすことができるため，配置を変える際に「島」ごと動かすことができ便利です。加えて記号も，情報カードや表札とは別の色の付箋紙に書いて用意しておくと，模造紙上で「島」や記号を繰り返し配置し直すことができ，作業の効率化が図れます。

情報がみるみる整理されていく様子には，参加した教師も達成感を感じやすかったようで，ここまでの過程はどの児童も順調に進みました。

③実態把握図から課題の抽出

実態把握図から課題を抽出する作業では，ファシリテーターの力量が

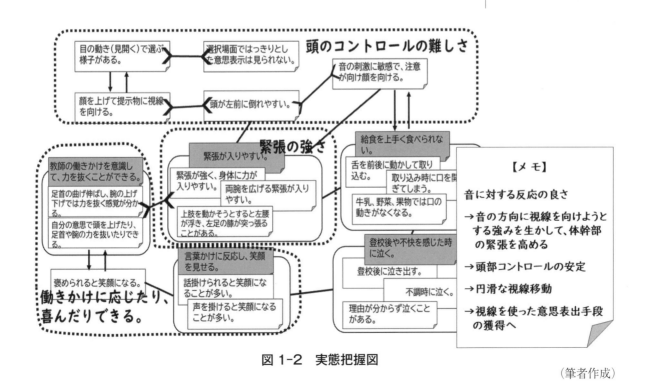

図 1-2　実態把握図

（筆者作成）

問われます。全体に影響を及ぼしている「島」を特定し，その背景にある要因を掘り下げ，指導すべき課題を絞り込むには，認知面や身体面の発達等に関わる知識が必要不可欠です。ファシリテーターの役割として，他の教師の知識や経験からヒントを引き出したり，自身の知識をもとにアイデアを出したりして，参加した教師が納得できるよう，現時点での方向性をおさえることが重要だと感じました。また，後から実態把握図を見ただけではどのようなストーリーで課題を抽出してきたのかがわからなくなってしまうことがあったため，話し合った内容は記録に残しておくことも重要だと感じました（図1-2）。

ケース会では，複数教師で実態把握から課題の抽出までを行い，この後の指導目標や指導内容を具体化していく段階は，各担任が行うこととして，第1回ケース会は終了しました。

（3）授業との接続（グループ編成，指導内容の改善）

11名全員の実態と課題が明確になったことにより，児童間の実態差をより明確に認識しました。それと同時に，児童の実態と授業目標や授業内容のズレも強く感じるようになりました。例えば，現状の「みる・きく」の授業[*3]の集団構成と内容では，実態や課題に応じた指導が難しい児童が複数いたため，教室をベースにしていたグループ編成を，目標の近い児童同士のグループ編成に改善しました。あわせて，指導内容も児童の目標に応じたものに改善しました。

*3 読み聞かせや劇遊び，光遊び等，視覚聴覚からの刺激の受容とそれに付随した運動表出を引き出すことを目標に，集団で指導を行う自立活動の時間のことを本校では「みる・きく」と呼んでいます。

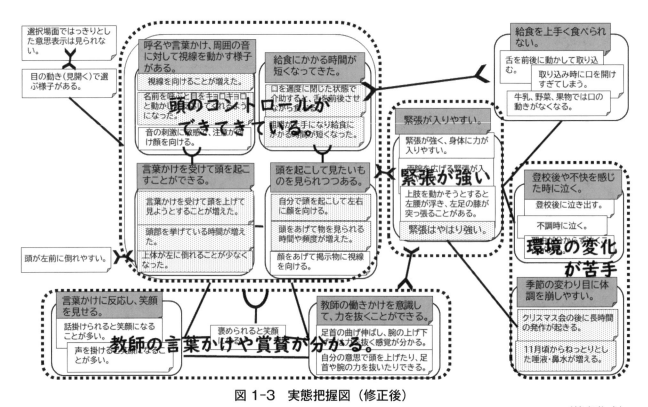

図 1-3 実態把握図（修正後）

（筆者作成）

（4）第2回ケース会（実態及び課題の修正）

　第2回のケース会は1月に実施しました。今回も，期日の調整及び設定は学年主任が行いました。ケース会の目的は，新たな情報を追加し，実態及び課題を修正することでした。また，2月に個別面談が控えていたことから，次年度に向けた方向性を保護者に示すための準備の意味合いもありました。

　実態把握図に新たな情報を追加し，修正を行うのは筆者も初めての経験でした。第1回目に作成した実態把握図をハサミで「島」ごとに切り離し，新たな情報を追加した後で，「島」を再構成及び配置し直し，実態把握図を再構築しました*4（図1-3）。

4．成果と課題
（1）児童の変容

　グループ編成や授業目標及び授業内容を改善したことにより，これまでよりも，提示された教材に注視したり，手を伸ばしたりする等，児童からの表出頻度が増えました。

（2）教師の変容と課題

　児童の実態と課題の抽出の過程を協働して行ったことで，どの児童の指導に対しても主体的に関われるようになりました。また，第1回ケース会で課題として抽出された部分に対して，第2回ケース会で追加情報が集中し，新たな実態把握図へと変化する様子を見た教師からは「課題が明確になると，自然と評価の視点が同じになって，児童の変容もより明確に見えるのですね。」という語りが得られました。教師間の協働をもとにした実態把握によって指導の方向性が共有されることで，TT の効果がより引き出されるということに加え，評価の観点が明確になることでより精度の高い評価ができるということがわかりました。

　他方で，本システムを根付かせるには，教師に意義や効果を実感してもらう必要があります。キーマンとなる学年主任の理解やファシリテーター役を担う教師の育成は今後の課題といえるでしょう。

*4　実態把握図の修正にあたっては，これまでとは異なる色の付箋紙に情報を書いて追加していきました。また，一度作った実態把握図を解体する前に写真を撮っておくことで，修正前後を見比べられるようにしました。こうすることで，視覚的にも変化に気づきやすくなりました。

次の一歩

　現在，実態把握図は本校の個別の指導計画作成手続きの一部に位置づけられており，全児童等に対して作成することになっています。また，この実践事例の成果をもとに，自活主の教育課程における自立活動の年間指導計画の様式を改善しました。児童等一人一人の目標からグループ編成を行うとともにねらいを設定し，授業で指導する内容も柔軟に検討できるような形に変えました。集団ありきではなく，個に応じた自立活動の指導の充実を進めています。

 ## 通級による指導における "チーム"

1. 通級による指導とは

　障害のある児童等が学ぶ場の一つの形態に通級による指導があります。通級による指導は、小・中・高等学校等の通常の学級に在籍し、通常の学級での学習におおむね参加でき、一部特別な指導を必要とする児童等に対して、障害に応じた特別の指導を行う指導形態のことです。対象となる障害種は、言語障害者、自閉症者、情緒障害者、弱視者、難聴者、学習障害者、注意欠陥多動性障害者、肢体不自由者、病弱者及び身体虚弱者となります（学校教育法施行規則第140条の規定）。もともとは小・中学校から始まった通級による指導ですが、2018年度からは高等学校においても実施されています。授業時数については、年間35単位時間から280単位時間（週1～8単位時間）を標準として、一部、「学習障害者」「注意欠陥多動性障害者」については、年間10単位時間から280単位時間までを標準とする、対象児童等の実態に応じた弾力的な実施が可能になっています。2021年度において通級による指導の対象となっている児童生徒数は183,880名であり、近年、対象児童生徒数の増加が著しいです。少子化の影響から義務教育段階の児童生徒数は直近10年間で1割減少しています。しかし、通級による指導の対象児童生徒数は2倍以上増加しています。指導を担当する教師の確保とともに、その専門性の向上が喫緊の課題となっています。

　通級による指導は、障害に応じた特別の指導を通常の教育課程に加え、又はその一部に替えて行うものであり、特別の教育課程を編成する必要があります。その際には、特別支援学校小学部・中学部学習指導要領第7章に示す自立活動の内容を参考とし、具体的な目標や内容を定め、指導を行うものとされています（文部科学省、2017）。つまり、通級による指導は自立活動の指導であるわけです。例えば、「読みに困難がある児童に対して、段階的な指導内容の一つとして国語の題材を活用することは考えられるが、単なる教科の遅れを補充する指導を行っている場合も見受けられる。このことなどを踏まえ自立活動の意義と指導の基本を理解して、適切な指導を行うことができるよう改めて周知する必要がある。」と示されるように（文部科学省、2023）、関係する教師は自立活動の指導に関する理解を深め、適切な個別の指導計画の作成に基づいて指導目標、指導内容を設定しなくてはなりません。

2. 求められる自立活動の指導力

　通級による指導を担当する教師に求められる専門性の一つは、上述したように、何よりも担当する児童等への指導力、つまり自立活動の指導力です。そのためには、児童等の適切な実態把握に基づいた、個別の指導計画の作成及び活用が欠かせません。また、通級による指導の対象児童等は、通常の学級に在籍し、通常の学級での学習におおむね参加することができる児童等です。学校生活のほとんどの時間を通常の学級において過ごしています。そのため、通級による指導を

担当する教師だけが対象児童等のことを理解しているのでは十分とはいえないでしょう。在籍学級である通常の学級も含めて，基礎的環境整備や合理的配慮の提供等がなされる必要があります（第二部第３章第１節参照）。そのため，通級による指導を担当する教師には，在籍学級の担任である通常の学級の教師（学級担任）や関係する他の教師等に対して，障害特性や自立活動に関する理解啓発を図ったり，必要に応じて助言したりする力も求められます。その際には，個別で実施している通級による指導とは異なる，通常の学級での学習環境である集団授業での工夫やICTを含む合理的配慮の提供など，実現可能な手立ての提案や役割を明確にし，それぞれの専門性を生かした連携・協働が大切となります。

3. 通級による指導における協働

　通級による指導は，その実施形態として，児童等が在籍する学校で受ける「自校通級」，児童等が他の学校において通級による指導を受ける「他校通級」，通級による指導の担当教師が対象の児童等の在籍する学校へ巡回して指導を行う「巡回指導」があります。自校通級の場合，通常の学級の教師（学級担任）と通級による指導を担当する教師は同じ学校の教師が想定されますが，他校通級や巡回指導の場合は，対象児童等の在籍する学校とは異なる学校の教師が通級による指導を担当している場合がほとんどです。中には，特別支援学校のセンター的機能の一環として通級による指導を実施している場合もあります（第二部第２章第１節参照）。その際には，異なる学校の教師同士が"チーム"を組み，協働する必要が出てきます。学校が異なることは，"チーム"を組む際には思った以上に困難さを生じさせるものです。時間的，物理的な距離の問題もさることながら，各学校の雰囲気，当たり前のように使っている用語の捉え方等も異なることもあります。"チーム"が効果的に機能するために，これまで各教師が培ってきた専門性を相互に尊重するとともに，用語の捉え方や個別の指導計画の作成手続きの整理等，事前の準備が重要となります。

　Practice2 では，特別支援学校教師による巡回指導（通級による指導）での教師間の協働についてご紹介します。

[文献]
文部科学省（2017）小学校学習指導要領.
文部科学省（2018）障害に応じた通級による指導の手引 解説とQ&A（改訂第３版）.
文部科学省（2023）通常の学級に在籍する障害のある児童生徒への支援の在り方に関する検討会議　報告.

Practice

2 通級による指導における実態把握での協働

事例ガイド

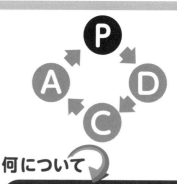

どこで → 肢体不自由／通級による指導（小学校）

誰と → 特別支援学級教師，特別支援教育コーディネーター

何について → P（デザイン）

ここがポイント！

- 小学校の特別支援学級教師（以下，学級担任），特別支援教育コーディネーター，特別支援学校教師の3者が協働し，児童の実態把握を行うことで，各教師の役割が明確になりました。
- 役割分担を生かして児童の実態や課題を可視化する手続きを行ったところ，それらを教師間で共有することができ，より一層，充実した指導や支援につながりました。

《関係する事例》Practice 1, 5, 8, 9, 11, 16

対象校・児童生徒の実態

- X県Y小学校（以下，Y校）を対象としました。Y校は全校児童数が約500人の学校で，特別支援学級が3学級設置されています。日頃より，児童の実態に応じてY校内における交流及び共同学習が活発に行われています。また，児童や教師のニーズに応じて特別支援学校の地域支援や教育相談などのセンター的機能を活用しています。
- 対象児童は，知的障害特別支援学級に在籍する3年生，右片まひの児童です。授業は在籍する特別支援学級で受ける他に，通常の学級への交流及び共同学習を週に1回1時間程度行っています。また，特別支援学校によるセンター的機能の利用をきっかけに，2年次より週1回1時間の通級による指導（肢体不自由）を開始※しました。

※平成28年12月9日付け28文科初第1038号「学校教育法施行規則の一部を改正する省令等の公布について（通知）」の参考資料（高等学校における通級による指導の制度化等のための省令・告示改正Q＆A集11）を根拠に，知的障害者については，小中学校等を含め，通級の指導の対象とはされていませんが，他の障害種と知的障害を併せ有する児童等について，改善・克服を必要とする主な困難が知的障害以外によるものである場合には，その障害によって生じる学習上または生活上の困難を改善・克服するため，通級による指導を受けることは有り得ると考えられています。

1．なぜこのような取組みに至ったのか

　X県では，障害のある児童等への指導や支援の一つとして通級による指導を重要な施策に位置づけています。特別支援学校のセンター的機能の一つである通級による指導は，自校通級，他校通級といった実施形態に加え，巡回による指導が全県的に実施されています。この事例もその一環として取り組んだものです。

　X県では通級による指導を実施する学校の担当者や各市教育委員会の指導主事等を対象として毎年，通級指導担当者の連絡・協議会が行われます。そこでは，学級担任と通級指導担当者間で活動内容と授業に伴う児童の変容をどのように共通理解していくかについてや，通級による指導における児童等の学びをその他の授業場面へどのように般化していくかについて等の連携の在り方が課題にあげられ，各校の通級指導担当者が取組みを工夫してきました。

　自立活動においては実態把握から指導目標設定に至る手続きを明らかにすることが重要であるといえます。上述した課題である共通理解や般化に向けては，関係する教師で共通した確認や各々の役割を明確にすることが求められ，そこには児童の実態や課題を可視化する手続きが有効であると考えました。実態把握や指導目標を設定する段階から関係教師間でのより一層の連携を図ることを目指し，実施に至りました。

2．チーム構成の詳細や工夫点

　小学校の学級担任，特別支援教育コーディネーター，特別支援学校の通級による指導の担当者(以下，通級指導担当者)の3者で，安藤(2021)[1]が提唱する「個別の指導計画システム」を参考とした実態把握を実施しました。

　実施する際の具体的な役割分担として，当該手続きの経験が豊富な通級指導担当者が，使用する用具の準備や協議の際のファシリテートなど，中心的な役割を担当しました。学級担任は，構成メンバーや関係者への連絡，日程調整，使用教室の確保等の役割を担いました。特別支援教育コーディネーターは，校内における特別支援教育に関する相談の他，外部関係機関や校内の複数の学級で学習活動を行う際の学級間の連絡・調整役を担います。複数の学級で学習活動を行うときなど実際の指導や支援に関わり，学校の教育活動全体を通じて児童の様子（以下，情報）についてよく知る教師であったため，作業に加わってもらいました。

　教師3名は，普段児童と関わる場面が異なるため，それぞれが知る児童の情報も異なります。担当する授業や役割が異なることを生かして，お互いがもつ児童の情報を共有し，その関連を推察しました。

　小学校と特別支援学校では，授業や会議の設定時間や教師の勤務時間など教師の動きが異なるため，日程が調整しやすい夏季休業中に小学校

*1　安藤隆男（2021）新たな時代における自立活動の創成と展開－個別の指導計画システムの構築を通して－．教育出版．（Lecture1参照）

の教室を使用し，実態把握図を作成しました。前もって教師それぞれが児童の情報を自立活動の6区分の区分ごとに付箋紙に1枚ずつ書くようにしました。

3. 実施した内容

（1）作成前に行ったこと

　実施にあたり，通級による指導の意義や目的を確認するため，対象児童の在籍校向けに毎年度始めに開く通級による指導に関する確認や連絡の場において，特別支援学校管理職から，通級による指導は自立活動の時間における指導であることと，自立活動の実態把握から指導目標設定までの手続きについて説明しました。さらに，実際に実態把握図を作成する前に，実施者として主体的に取り組めるように，通級指導担当者から学級担任と特別支援教育コーディネーターに書面と口頭で実施の目的と意義を伝えました。手続きは「個別の指導計画システム」（安藤，2021）を参考にし，取組みの具体的なイメージをもつことができるよう実態把握図の例を渡しました。そして，児童の情報を自立活動の6区分の区分ごとに付箋紙に1枚ずつ書いて持ち寄ることを依頼しました。付箋紙1枚には1つの情報を書くことを確認し，付箋紙のサイズと色は通級指導担当者より指定しました。

　本取組みでは，はじめに作成における用語の確認として「課題」を「児童の指導を考える上で外せないポイント」とおさえました。そして，実施の中で課題の目線は教師であり，指導目標の目線は児童であることなど，用語についての共通理解を図りました。

（2）実態把握図作成の手続き

　実態把握図の作成を通して実施者間で協議する中で，付箋紙に書いてある情報がより客観的・具体的な情報に見直された場合や2つの情報が含まれていたことがわかった場合は，その場で書き直しました。情報の背景要因については，教師それぞれの役割に基づいて考えを話すようにしました。学級担任は知的教科の指導について，特別支援教育コーディネーターは日常生活動作や友達との関係性について，通級指導担当者は自立活動の時間における指導，特に身体の動きを中心とした指導についてというように，各々が学び，経験してきたことを互いに生かして背景要因を話し合うようにしました。教師それぞれがもつ児童の情報を共有し，その関連を推察することで，児童に関する新たな気づきが生じました。

　通級指導担当者は，話し合いにおけるファシリテーターとして，手続きのファシリテートの他に，実態の関連や課題の導出においてポイントとなりそうな言葉を拾い上げる，質問をして話の内容を具体的に整理す

る等の工夫をすることで，教師が協働するように留意して取り組みました。

（3）実態把握図の作成を通して話したこと

作成した実態把握図は以下の図1-4になります。

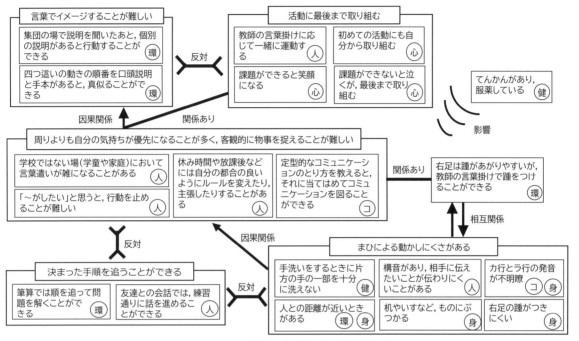

図 1-4　実際に作成した実態把握図

（筆者作成）

　実態把握図が完成する前は，対象児童について「学習に最後まで取り組む」「決まった手順を追うことができる」ことが強みとなるであろうと教師間で話していました。しかし，実態把握図の作成過程において，児童の実態の背景要因について話し合ったところ，児童の行動に対する教師の見方が変化しました。例えば，「手洗いで洗い残しがある」という情報の背景要因として，初めは身体のまひによる動かしにくさが考えられました。ところが話し合いを通して，児童にとって手洗いは手を清潔にするという目的よりも，手洗いという活動を早く終わらせることが目的になっているのではないかという話が出ました。これらについて，児童自身は姿勢や動作が友達と異なることはわかっているが，身体のまひには困っていないのかもしれないと考えられました。このとき，話し合いにおいて，困っている視点の主語が教師から児童に変わりました。身体の動き（まひによる手の動かしにくさ）と行動（早く手を洗い終える）の関連において，児童自身が何をどこまでできているか自分で振り返ること，客観的に自分や物事を捉えることが難しいことから，自他の区別が曖昧で自分の気持ちが優先になっている。その結果，「決まった手順を追うことができる（手洗いという活動はできるが，洗い残しがあり，その完成度は低い）」という実態があるのではないかと考えました。

この自己の振り返りにくさの土台には，身体の動かしにくさや身体からの情報の受け取りにくさが関係しているのではないかと教師間で確認しました。そして，「決まった手順を追うことができる」ことの次の段階として，「目的を意識して手順を追う」や，「状況に応じて手順を変える」等の児童の目指す姿に関する話し合いになりました。

　教師の協議による実態把握図の作成を行ったことにより，児童の実態について新たな視点での気づきを得ることができ，さらに課題を教師間で共通理解することができました。

　最終的に，「自己意識が薄く自他の区別が曖昧になること」「まひによる動かしにくさがあること」を課題とし，指導目標を「学習の目的を理解して活動に取り組むことができる」と設定しました。その上で，教師それぞれが担当する授業の目標を確認しました。情報の共有から授業目標を設定するまで要した時間は約 1 時間でした。

4．成果と課題

　本取組みは，特別支援学校のセンター的機能を土台として関係教師がそれぞれの役割を明確にし，実態把握図を作成することで，指導効果を実感できた実践になりました。

　成果として，以下の 2 つがあげられます。

　1 つ目は，個別の指導計画システムを用いた実態把握図の作成を通して，児童の実態や課題を複数教師間で共有することができました。それぞれが行う指導の方向性を共有したことで，各自の経験や強みを生かした指導が計画・実施されました。実態把握図作成後の授業において，学級担任は，各教科の授業で視覚的な支援を活用しながら学習の目的をより意識して伝えるようにしたと語りました。その結果，例えば国語科の指導では，授業の内容理解が進んだことに加えて，物事の関係性をつかむ力がつき，特に文章題の正答率が上がるといった児童の変容が見られました。特別支援教育コーディネーターは児童との日常会話において，児童の発言が二〜三語文から文脈が伝わる多語文へ変わるなど，わかりやすくなったと児童の変化を語りました。通級による指導では，児童自身が身体の動かしにくさを踏まえて自ら「（ボールを連続して）10 回蹴るために，（足首の）ストレッチをします」と活動の理由を言語化して取り組む姿が見られるようになりました。このように，それぞれが関わる場面において，指導の効果を実感することができました。実態や課題を共有しているので，児童の日常の様子や変化も共有しやすくなり，教師間で「児童が目的や理由を踏まえて物事を捉えることができるようになった」という共通した評価をもつことができました。このように，評価においても，教師の視点の他に児童はどう捉えているかなど，児童の視点から話ができるようになりました。そのため，学期末に行う保護者

面談では，所属校の異なる教師が，児童に関わる同じ指導者として保護者に対して同じ方向性で説明ができました。

　2つ目は，今回初めて実態把握図の作成に取り組んだ Y 校の教師も，抵抗感なく取りかかることができたと振り返ったことです。本取組みでは，実態を捉える観点や付箋紙の書き方を最初に示したため，初めて取り組む場合でも児童の何をどのように見るのかや，情報としてどのように可視化するのかがわかりやすかったと考えられます。また，作成時には，教師間の役割分担を生かしたファシリテートもしたため，作成の手続きについてもスムーズに理解できたのではないかと考えられます。

　今後の課題として，児童の在籍校における個別の指導計画との関連，例えば作成時期や様式を踏まえるなどの，対象児童の在籍する学校組織の計画に即した取組みの検討が求められます。学校組織の計画に即すことで，作成に関わる教師以外，例えば対象児童が交流及び共同学習を実施している通常学級の担任（以下，交流級担任）等への汎用が期待されます。

　加えて，教師それぞれの強みを生かして児童の課題を捉え，構造化する力を向上する必要性があげられます。そこには，教師が児童等理解や授業に関するスキルアップ等に向けて学び続けることを前提とし，所属校の異なる教師間の関係を構築する工夫や役割の在り方を柔軟に捉えることが求められるといえます。

次の一歩

　翌年には，児童の新たに得られた情報や変化が見られた情報を付箋紙に書いて持ち寄り，学級担任と通級指導担当者とで実態把握図を見直し，修正しました。付箋紙の情報やそこから導き出される課題と指導目標がより具体的になったことから，本取組みは教師の児童を捉える力の向上につながると考えられます。

　修正する際には学級担任が，交流級担任から交流及び共同学習時の児童の情報を口頭で聞きました。今後，実施者は聞いた情報を付箋紙に書くことで，実態把握図の作成及び修正に生かすことが求められます。このように作成した実態把握図の活用が指導目標の共有や役割分担を行うことにつながり，例えば，交流級担任は学習集団の規模や児童同士の関わりを指導に生かす等，各教師の立場における工夫が想定されます。事例のように教師の役割を明確にすることで，協働をより一層促進させ，指導や支援の充実につながることが期待されます。

　また，学校内での教師間の連携や協働を生かして実施者や対象児童を替えて取り組むことで担当者が替わっても継続した取組みとなるとともに，自立活動の理解が深まる効果も期待されます。

第3節 実施段階における TT

Lecture 3 授業実施時の TT における課題と方法論

1. 自立活動の指導における TT

　今日，特別支援学校では日常的に TT による授業形態が導入されています（第一部第1章，第二部第1章第1節参照）。自立活動の指導は，障害による学習上又は生活上の困難を，児童等一人一人が主体的に改善・克服するために必要な知識,技能,態度及び習慣を養うもの（文部科学省，2017）であり，教師と児童等の1対1の体制（個別指導の体制）で行われることが原則となります。しかし，在籍児童等の障害が重度・重複化，多様化が顕著な特別支援学校においては，一人一人に対してきめ細やかな指導を実現させるため，自立活動の指導においても，TT に基づく教師間の連携や協働が不可欠となります。

2. TT により生じうる課題

　TT の課題については，第二部第1章第1節において触れましたが，長沼（2005）は，TT における課題として，①個別の指導計画と授業のつながり，②複数の教員同士のつながりをあげています。①は授業計画に係る話し合いの時間が取れないことや責任者に任せきりになってしまうことが要因であり，②は「教員同士の連携がうまくいかない」という問題に対して，授業者の役割の不明確さや，働きかけるタイミングのズレを少なくすることが解決のポイントであると指摘しています。

3. TT における授業研究の方法論

　Practice3 では「教師の意思決定研究」（例えば吉崎，1991）を用いた授業者間の連携・協働に注目した授業研究を取り上げます。意思決定とは，各代替策（対応策）の中からそれぞれの代替策が子供に与える影響を予想しながら，教師自身が設定した評価基準に基づいて，そのうちの最良のもの（または満足できるもの）を選択することです（吉崎，1991）。授業実施段階においては特に，授業計画（予想していた子供の反応）と授業実態（現実の子供の反応）との間にズレがあるとき，当初の授業計画をそのまま実行すべきか変更すべきかを決定する情報処理のプロセスのことを指します（内海・平山・安藤，2018）（図1-5）。安藤（2021）を参考に，意思決定プロセスを説明します。教師は教授行動をとりながら，子供の表情等を手がかり（cue）に学習状況

を観察し，計画を変更すべきかどうかの判断をします（Decision point1）。想定範囲を超えて計画を変更する必要がある場合，とるべき代替策があるかどうかを判断します（Decision point2）。代替策がない場合は教授行動を継続することになります。代替策がある場合，計画を変更するかどうかの判断を行います（Decision point3）。そして代替策をとると判断した場合は，新たな教授行動をとり，子供の表情等を手がかりに学習状況を観察します。教師は授業中，3分に1回程度意思決定を行っているといわれており，授業者が複数存在する TT においては，さらに複雑な意思決定の様相が想定されます。TT の授業における教師の意思決定の現状を把握し，授業中の教師の思考過程を紐解くことで，複数教師の協働に基づいた TT の在り方について検証することができると考えられます。

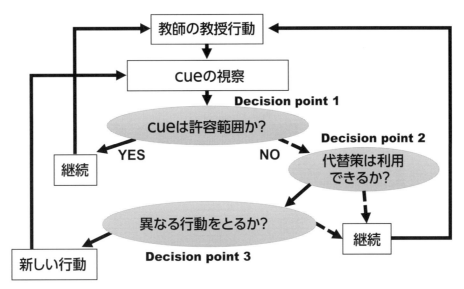

図 1-5　教師の意思決定モデル
（安藤，2009；Peterson & Clark，1978 を改編し，筆者作成）

［文献］
安藤隆男（2021）新たな時代における自立活動の創成と展開－個別の指導計画システムの構築を通して．教育出版．
安藤隆男（2009）授業研究法．前川久男・園山繁樹（編），障害科学の研究法．明石書店，191-209.
長沼俊夫（2005）ティームティーチングによる授業づくり「現状と課題」．肢体不自由教育，170，42-43.
Peterson, P. L. & Clark, C. M.（1978）Teachers' reports of their cognitive process during teaching. *American Educational Research Journal*, 15, 555-565.
内海友加利・平山彩乃・安藤隆男（2018）肢体不自由特別支援学校のティーム・ティーチングにおける教師の意思決定過程の分析と授業改善．特殊教育学研究，56（4），231-240.
吉崎静夫（1991）教師の意思決定と授業研究．ぎょうせい．

Practice 3 特別支援学校における自立活動の授業場面での協働

事例ガイド

どこで	誰と	何について
肢体不自由／特別支援学校	同僚教師	D（実施）

ここがポイント！

- 教師の意思決定研究に基づいた授業研究を行ったことで，授業者間のコミュニケーションが円滑になり，教師間の協働を促す効果が見られました。
- 授業研究に取り組んだ若手教師にとっては，授業に対する考え方の変化に影響を与えたことも示唆されました。

《関係する事例》Practice 4, 6, 7, 8, 11

対象校・児童生徒の実態

- A県B肢体不自由特別支援学校（以下，B校）を対象としました。A県の人口規模は47都道府県のうち上位4分の1に位置づき，近年の教員採用数の増加などに伴い，若手教師の占める割合が比較的高い状況です。B校はA県に初めて設置された肢体不自由特別支援学校（当時の養護学校）であり，福祉医療施設が隣接しています。児童等は家庭からの通学に加え，寄宿舎，施設等，様々な形態で通学しています。B校には小学部，中学部，高等部が設置されており，児童等，教師ともに200名を数える規模の学校です。
- B校では肢体不自由教育学を専門とする大学教員の招聘による校内研修が実施されていました。今回の取組みはその一環として，B校と大学との共同研究により実施しました。

1．なぜこのような取組みに至ったのか

　今日の学校における若手教師の割合は増加しており，若手教師の専門性の育成は全国的に喫緊の課題であるといえます。B校では毎年度，初任者が複数人配置される状況であり，授業を通して教師の専門性の育成に取り組むことが重要であるとの視点に立ち，校内研修として企図されるに至りました。

　外部専門家としての大学教員と共同研究を行うにあたっては，研究・研修に関わる校務分掌の部長が中心的な役割を担い，校内における説明や対象となる授業グループの選定，日程調整等のコーディネートを行いました。

2．チーム構成の詳細や工夫点
（1）対象授業及び授業者等の概要

　小学部第5学年の自立活動の時間における指導を対象授業としました。自活主の教育課程で学ぶ児童5名（授業研究時は1名欠席）に対して教師3名，介助員1名によって実施されました。メインティーチャー（以下，MT）は教職経験年数3年，サブティーチャー（以下，ST）の2人は，ST1は教職経験年数22年，ST2は教職経験年数11年でした。

　授業者（MT，ST1，ST2）は，授業計画の立案，実施，授業を改善する点の検討等，授業に関わる全般的な業務を担いました。共同研究者である大学側（大学教員1名，大学院生1名）は，分析者という位置づけとして，授業の記録及び授業者へのインタビューと分析を担当しました。なお，介助員は授業者という位置づけではなく，授業の計画に携わっていないため，インタビュー対象者からは除外しました。

（2）授業研究の視点と方法論

　授業者間の協働に注目し，①TTを行っている際の授業者間の協働はどのような状況なのかを明らかにし，②授業者間の協働に注目した授業改善を行うこと，という2点を目的としました。授業研究の方法は，教師の意思決定研究の考え方に基づいて実施しました（Lecture3参照）。

3．実施した内容
（1）授業研究の手続き

　授業者が作成した授業計画に基づいて授業を実施し，分析者はビデオカメラを2台設置して記録しました（図1-6）*1。放課後に，授業の振り返りを行いました。具体的には，授業者1人ずつのインタビュー形式で行い，「計画と実際の授業とで，ズレを感じるところはあったか」という教師の意思決定の視点を用いて場面を抽出し，映像記録を用いて確認しました。どのように判断して授業を展開したのか，授業者が感じて

＊1　1台は全体が見えるような位置で固定し，もう1台は子供の学習の様子や教師の教授行動などに焦点を当てて動かす手持ちカメラとしました。

いた内的過程を語ってもらいました。第1回の授業の振り返りを分析者が整理して，後日，授業者にフィードバックしました。その結果を踏まえて，授業者は第2回の授業を計画しました。第2回の授業も第1回と同様に映像記録を撮り，授業後にインタビュー形式による振り返りを行いました。

（2）TT における授業者間の協働状況（第1回授業研究）

　対象授業は自立活動「うんどう・ふれる」の「ふれる」に関わる授業でした。単元は，児童が様々な感触の題材に触れ，関わりが深い大人とのやりとりを通して「伝わった」「一緒に活動して楽しい」という経験を得ることを目標とする内容で，全14時間中10時間目でした。題材は，投げたり落としたりしても危険がなく，児童の自発的活動や要求を尊重しながら思いきり活動させることができるこんにゃくを用いていました。児童4名に対し，授業者2名（ST2 は不在）と介助員1名がそれぞれ児童の指導を担当する TT の形態が採用されました。

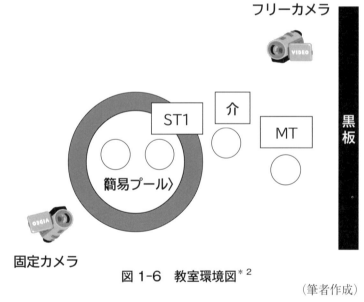

図 1-6　教室環境図[*2]

（筆者作成）

*2　児童を○，教師及び介助員を□で示しました。

　授業者2名（MT，ST1）の振り返りの結果，学習活動にうまく向き合えていない児童がいたことや，授業中に集団から離れて異なる活動（教具として用いた容器に水を入れる）をした児童の行動など，共通する場面で授業計画と実際の授業とのズレを認識していました。しかしながら，各授業者の意思決定が授業中に共有されることはありませんでした。MT と ST1 が共通してズレを認識した場面の中には，MT は「予定していた学習活動を継続する」，ST1 は「教授行動を変更する」という，異なる意思決定をした場面もありましたが，それぞれの意思決定が共有されないまま，授業が展開されました（図 1-7）。

　また，この授業グループでは介助員も児童の学習を支援し，その様子を授業者に伝える役割を担っているため，介助員に授業者の意図を伝え

る必要性があることも見出されました。

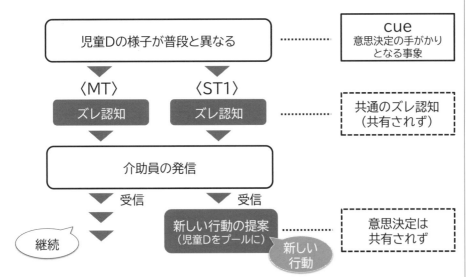

図 1-7　第1回授業研究の各授業者の意思決定場面（一部抜粋）
（筆者作成）

　上述の分析結果を授業者にフィードバックしたところ，授業者は次時の授業計画を立案する際に，主に次の2点を改善しました。①介助員が授業に参画しやすくするために，あらかじめ授業のねらい等をホワイトボードに書いて可視化すること，②授業中の授業者間のコミュニケーションは子供に語りかけるようにして「声に出して伝える」ことです。

（3）リフレクションを通した授業改善（第2回授業研究）

　対象授業は自立活動「うんどう・ふれる」のうち「うんどう」に関わる内容でした。第1回に引き続き，児童の意思表出に広がりをもたせることを目標として，体全体を動かす活動を取り上げました。全12時間中1時間目でした。題材は布ハンモックとウォータークッションで，個々の実態に応じて運動活動を楽しんだり要求行動を表出したりすることをねらいとしました。児童4名（第1回と同じ）に対して授業者3名（MT，ST1，ST2）がそれぞれ児童の指導を担当し，第1回と同じ介助員が授業に加わりました。

　第2回の授業においても，布ハンモックで体を動かす際に強い緊張が見られた児童がいたことや，1人ずつの活動を想定していたが2人の児童が同時に布ハンモックに近づいた場面があったことなど，各授業者から共通する場面において，授業計画と実際の授業とのズレがあったことが語られました。しかし，今回の授業では，授業者間のコミュニケーション方法として意思を「声に出して伝える」ことに改善されたため，授業計画とのズレの認識と，それに基づく教授行動の変更を適宜，授業時に共有することができました。MTとST1，ST2はお互いの意思決定を共通理解しながら，児童の主体的な学習を引き出す展開がなされました（図

1-8)。

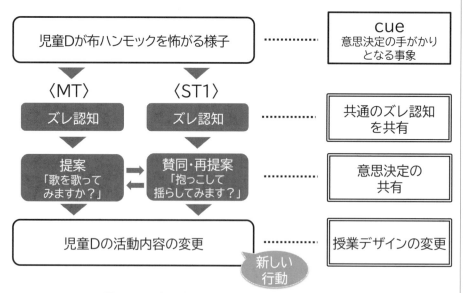

図 1-8　第2回授業研究の各授業者の意思決定場面（一部抜粋）

（筆者作成）

4．成果と課題
（1）2回の授業研究を通して

　授業研究全体を通して，ST1であるベテラン教師からは，以前から TTにおける授業者間のコミュニケーションを重視していたが，介助員との授業計画の共有や子供の実態に関する意思疎通はできにくい状況があったと語られました。また，ホワイトボード等を提示して授業計画を共有したことや，授業中のコミュニケーション方法を工夫することで，共通理解しながら授業を展開できたとの発言がありました。

　MTである若手教師からは，それまで「学習指導案通りに授業を進めなければならない」という思いに縛られていたことが語られました。意思決定の考え方を意識することで，授業の計画段階と実施段階にはズレが起きることを前提とし，児童の反応に応じた意思決定ができるようになったことが述べられました。TTにおける意思決定には他の授業者が捉える手がかりや意思決定が参考となるため，授業者間のコミュニケーションの円滑化が重要な要素であることも示唆されました。

　TTでは，MTとSTのそれぞれの役割の不明確さや働きかけるタイミングのズレをいかに少なくするかが協働のポイントであると指摘されており（長沼，2005）[3]，各授業者の意思決定過程を可視化して授業改善に生かすこの考え方は，授業者間の協働を高めるうえで有効であると考えられます。

＊3　長沼俊夫（2005）ティームティーチングによる授業づくり「現状と課題」．肢体不自由教育，170，42-43.

（2）教師の成長につながる授業研究

　本事例では，TTの授業において教師が協働するための方略を，意思決定研究の枠組みを通して，授業者たち自らが省察し授業改善につなげ

ました。また，授業に対する捉え方を見直すことや，手がかりとなる子供の実態や代替策など他の教師とのやりとりを通して学びを得ることにつながり，教師個人と協働の2つの側面で専門性を育成する機会になったと考えられます。

　教師の意思決定の考え方は，教師の成長につながる授業研究法の一つとして提唱されており（吉崎，1991）[*4]，特別支援教育分野における授業研究法としての活用が今後期待されます。本事例はTTにおける意思決定を取り上げましたが，Practice7では個別指導場面における意思決定が取り上げられています。

　一方，課題としては分析にかかる時間的負担感などが考えられます。本事例では授業者と分析者の役割を分担して取り組みましたが，そのような体制をとることが難しい場合も考えられます。そのため，長期休業期間等を活用した研修の在り方などを検討していく必要があると考えられます。

[*4] 吉崎静夫（1991）教師の意思決定と授業研究. ぎょうせい.

次の一歩

　この授業研究において注目された児童について，授業以外の場面においても，教師たちは頻繁に様子を情報交換するようになり，授業記録やポートフォリオなどが増加したということが授業研究に参加した教師から語られました。

　この事例では授業改善までにとどまりましたが，授業のデザイン―実施―評価・改善の考え方に基づくと，授業研究を通して子供の実態を捉え直し，個別の指導計画の修正等へつなげることが期待できます。

特別支援学校の TT における教師の役割

1. 障害の重度・重複化と TT

　特別支援学校の授業において，TT が行われる背景の一つには，在籍児童等の障害の重度・重複化があります。複数の障害種をあわせもつ重複障害児童等が在籍する重複障害学級の在籍率は2022 年度調査時点で 31.7％であり，併置校を含む肢体不自由特別支援学校においては，49.9％と高い割合で推移しています（文部科学省，2024）。重複障害学級に在籍する児童等の中には，障害が重複しているだけではなく，それぞれの障害の程度が非常に重い，重度・重複障害児と呼ばれる児童等や日常生活及び社会生活を営むために恒常的に医療的ケアを受けることが不可欠である児童等（医療的ケア児）も多く在籍しています。重度・重複障害児を含む多様な教育的ニーズをもつ子供達に対して，障害の状態や発達の段階等の実態を的確に把握し，きめ細やかな指導を実現させるためには，日常の授業において，TT に基づく教師間の連携が重要になります。TTにおける授業では，複数の教師が同じ授業に関わることで，指導上の悩みを共有し，ともに解決に向けて指導力を高めることができます。また，医療的ケア児をはじめとする健康状態に特に配慮が必要な子供達においては，発作等の緊急な対応が必要な際に，複数の教師が連携・協力する体制を日頃から整えておくことが欠かせません。

2. TT における教師の役割

　TT においては，授業全体を進行する MT と MT の補助や児童等の支援の役割を担う ST がいます。竹内ら（2020）は，肢体不自由特別支援学校と知的障害特別支援学校を対象に，それぞれの MT の役割，ST の役割を調査しました。その結果，MT の役割については，両者とも「特定の児童生徒や教材を担当しながら全体を進行」の割合が 70 から 80％程度を占めていました。

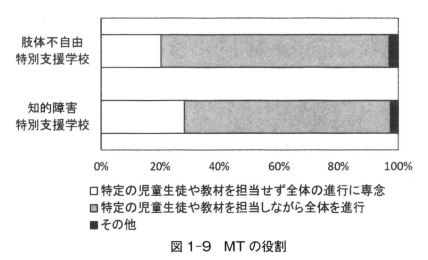

図 1-9　MT の役割

（竹内ら，2020 より転載）

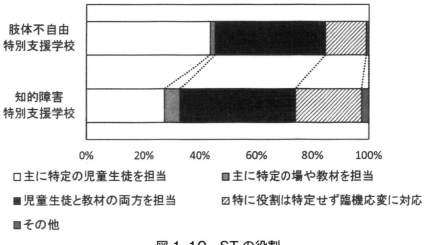

図 1-10　ST の役割

（竹内ら，2020 より転載）

MT の役割において，知的障害特別支援学校と肢体不自由特別支援学校の差は見られませんでした。一方で，ST の役割については，肢体不自由特別支援学校は知的障害特別支援学校に比べて「主に特定の児童生徒を担当」の割合が高く，「主に特定の場や教材を担当」や「特に役割は特定せず臨機応変に対応」の割合が低かったことを報告しています（図 1-9，1-10）。

　つまり，肢体不自由特別支援学校における TT の特徴として，ST が担当となった特定の児童等を担当する「子供につく」タイプであること，知的障害特別支援学校の特徴は，ST が特定の児童等を見るのではなく，「子供と教材・場の両方を担う」タイプであることが明らかになりました。肢体不自由特別支援学校のように，「子供につく」タイプであることは，ともすると教師と児童等との 1 対 1 の関係で授業が進んでしまうことがあります。一方で，知的障害特別支援学校のように，特定の児童等につかず，臨機応変に対応するタイプでは，MT と ST が授業の目標や内容について，共通理解をもって授業を実施しなければ，授業自体がうまく進行できず，児童等の学びにつながらなくなることも考えられます。

　Practice4 では，知的障害特別支援学校の各教科の授業場面における TT の取組みを紹介します。授業の目標や内容，教師の役割について事前に共通理解をはかることで，効果的な TT による協働が実現しました。

[文献]

文部科学省（2024）特別支援教育資料（令和 4 年度）.

竹内博紀・小山瑞貴・大関毅・落合優貴子・内海友加利・安藤隆男（2020）肢体不自由特別支援学校のティーム・ティーチングにおける授業者の役割に関する調査研究−自立活動を主とした教育課程に注目して−. 障害科学研究，44(1), 87-97.

Practice 4 特別支援学校における各教科の授業場面での協働

事例ガイド

どこで → 知的障害／特別支援学校

誰と → 同僚教師

何について → D（実施）

ここがポイント！

- 授業実施前に授業者間で授業における個々の児童の指導のポイントを共有しました。また、STの役割と働きかけの種類を整理し、STが学習集団に入る形でのTTを行いました。
- STが学習集団に入って手本を見せたり、注意の方向付けを促したりする支援を行うことで、児童が活動により向かえるようになりました。

《関係する事例》Practice 3, 6, 7

対象校・児童生徒の実態

- A特別支援学校（以下，A校）の小学部第5学年の音楽の授業を対象としました。同学年は児童6名，教師3名です。授業の計画段階の協議で，特別支援学校小学部・中学部学習指導要領[*1]に示されている知的教科の小学部音楽にある各段階を参照し，それぞれの児童がどの段階を学んでいるかを把握しました。その段階に応じて1段階を学ぶ集団と2・3段階を学ぶ集団の2つに分けて授業を実施しました。
- 対象児童は知的障害を伴う自閉症児4名です。知的教科小学部音楽2段階，3段階の内容を学習しています。注意のそれやすさ，席の並びや順番への強いこだわり，初めてのことや不安なことに対して抵抗を感じてやりたがらないといった学習上，生活上の困難があります。

1．なぜこのような取組みに至ったのか

　肢体不自由特別支援学校等に比べて，知的障害特別支援学校においては，児童等の人数に対する授業者の人数が少ない傾向にあります。またTT における ST については，児童等と教材の両方を担当したり役割は特定せず，臨機応変に対応したりしているということが指摘されています（竹内ら，2020）[*2]。知的障害特別支援学校における TT は肢体不自由特別支援学校によく見られる「子供につく」タイプの TT ではないと理解することができます。このような理解から知的障害特別支援学校においては，個々の児童への指導のポイントをおさえて支援を行うことが重要であると考えました。

　また，ST が役割を特定せずに臨機応変に対応することが多い知的障害特別支援学校における TT ですが，役割と働きかけの種類について整理し，それらを授業者間で共通理解しておくことがより効果的に TT を実践するために必要であると考えました。以上の2点の踏まえ，実践を行いました。

2．チーム構成の詳細や工夫点

　小学部第5学年の音楽を対象授業としました。知的教科小学部音楽2段階，3段階を学ぶ児童4名に対して教師2名によって実施しました。MT は教職経験年数12年，ST は教職経験年数6年でした。指導者の構成を考えるにあたり，教職経験年数が偏らないことを意識しました。

3．実施した内容

（1）授業実施前

（ⅰ）個々の児童に対する手立て・配慮

　授業実施前に，学習集団に所属する児童において，①注意のそれやすさ，②席の並びや順番への強いこだわり，③初めてのことや不安なことに対して抵抗を感じてやりたがらないという学習上，生活上の困難とともに，これらが音楽の授業での指導のポイントであることを確認しました。

　その中で②については，MT が授業実施前にノートに並び順や順番を記して対象となる児童に対してあらかじめ説明するようにしました。①③については，授業実施場面において ST が対応するようにすることを確認しました。

（ⅱ）授業実施場面での ST の役割について

　授業実施場面での ST の役割について，大庭ら（2012）[*3]は STc と STs という2つの機能について指摘しています。STc は児童の対等な位置にいる「他者」，いわゆる児童の協同活動者として活動の見本となる役割であり，STs は MT の補助支援者として，集団内の児童の活動が滞ったときに積極的に活動に誘い出し，課題解決方略を提示したり，関わり

*1　特別支援学校小学部・中学部学習指導要領．

*2　竹内博紀・小山瑞貴・大関毅・落合優貴子・内海友加利・安藤隆男（2020）肢体不自由特別支援学校のティーム・ティーチングにおける授業者の役割に関する調査研究．障害科学研究，44, 87-97.

*3　大庭重治・葉石光一・八島猛・山本詩織・菅野泉・長谷川桂（2012）小集団を活用した特別な教育的ニーズのある子供の学習支援．上越教育大学特別支援教育実践研究センター紀要，18, 29-34.

を促したりする役割です。また，茨城県教育研修センター（2000）[4]は，TTにおけるSTの技術として場の構成，意欲誘導，理解援助，指導の分担，活動の補助，評価・賞賛，臨時的対応，健康・安全，MTのサポートをあげています。これらをもとに，STの役割と技術について図1-11のように整理しました。

　STが困難さ①③について対応するにあたり，これまでの全体を見ながら個々の児童に対応する形ではなく，STcの役割を意識して授業に臨むことを確認しました。③の困難さを示す児童は，他人が行っている楽しい様子を見ることで，自らもチャレンジしてみようという様子が他の授業でも見られていました。そのため，音楽の授業においても児童の対等な位置にいる他者としての役割を担うことで，楽しそうだな，やってみようかなという気持ちが生まれやすくなるのではないかと考えました。

　このようなことから，困難さ③については，教師が活動をして楽しんでいる様子を見てから，本児に課題の提示をMTが行う，という流れで行うように授業者間で確認をしました。①の困難さを示す児童に対しては，MTが課題の提示を行った後に，本児が注意を向けていないことをSTが確認してから，本児に言葉掛けを行うようにすることを確認しました。

＊4　茨城県教育研修センター（2000）特殊教育諸学校におけるティーム・ティーチングの在り方（個を生かす支援としてのティーム・ティーチング）．研究報告書，41.

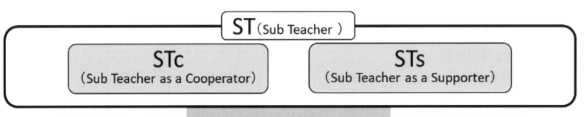

図 1-11　TT における ST の役割と技術

（茨城県教職員研修センター，2001；大庭ら，2012 を参考に筆者作成）

（iii）授業者間での授業実施中の約束事の共有

　授業実施前に授業者間でいくつか約束事を決めました。

　1つ目は，MTは全体進行，課題提示，活動状況の把握を担い，STはSTs，STcの2つの役割を担いますが，特にSTcは，児童の協同活動者の役割に重きを置くことを確認しました。そのため，MTはSTを児童の1人として扱い学習活動も実際に行うようにすることを共通理解

しました。

　2つ目は，予測していないことが起きたときや児童の様子などを共有するときには，児童に話しているように伝えるようにすることです。授業の雰囲気や流れに沿う形で情報を共有し合うようにしました。

　3つ目は，ST は活動場面ではとにかく楽しく，児童ができたときには「○○くん，すごいなー。」と，他の児童であればどのように言うかを考えながら賞賛するようにしました。

　4つ目は，MT の指示があってから，注意を促す等の行動をすることです。

　2つ目と3つ目は児童の困難さの③，4つ目は児童の困難さの①に関係する約束事になります。これらの約束事を踏まえて授業に臨みました。

（2）実施した授業の様子
（ⅰ）授業の流れ

　今回実施した授業の目標は「イラストや曲を頼りにタイミングよくリズム打ちや演奏をすることができる*5」でした。授業は，リズム遊び（展開1）と楽器演奏（展開2）の構成としました。展開1のリズム遊びでは，歌やウッドブロックが鳴っている間は歩き，止んだときに椅子に座る活動とモニターに映るイラストを見てリズム打ちをする活動を行いました。展開2の楽器演奏では，トーンチャイムとベルハーモニーを教師の歌と合図に合わせて演奏する活動を行いました。

＊5　特別支援学校学習指導要領知的教科小学部音楽2・3段階A表現「器楽」の内容

（ⅱ）児童の様子

　展開1で行った，歩いたり座ったりするリズム遊びの活動では，歩かずに両手を床についていた児童が，他の児童と腕を組んで歩いているST の様子を見て，その ST の反対側の腕をとって3人で一緒に歩くような様子が見られました。同じく展開1のリズム打ちの活動では，最初はリズムがつかめずにいた児童も隣の ST の様子を見ながらリズムを合わせて取り組むことができました。この児童は変化したリズムがつかめずにずっと同じリズムで鳴らしていましたが，様々な楽器でリズムに合わせて楽器を叩くことでリズムの変化に合わせて上手に楽器を叩くことができました。また注意がそれやすい児童もリズム打ちを行う前に ST が言葉掛けを行い，画面や MT の言葉に注意を向けるようにすることで，自分の行うことがわかって取り組むことができました。

　展開2の楽器演奏では，1回だけ鳴らすことが難しく，自分の音が鳴っているかを確認するために何度か鳴らしてしまう児童がいましたが，ST が隣で鳴らす腕の動きを見せながら行うと，一度だけ鳴らすようになり，そのまま教師の歌に合わせて鳴らすことができました。

（ⅲ）MT と ST の様子

　MT が課題を提示する際に注意がそれやすい児童に対して，ST が身

体に触れて注意を促したり指さしをしたりすることで，MT が「○○く
ん，見てね。」と言葉をかけずに次に行う活動の説明に集中することが
できたと思います。また，初めてのことや不安なことに対して抵抗を感
じてやりたがらない児童に対しては，ST が楽しみながら活動する様子
を示したりできたときに賞賛したりすることで，途中でやめることなく，
最後まで活動に参加することができました。

　また，これまでの ST は，活動に集中できるように「○○しないよ」
等の行動を制止するような言葉掛けが多かったように思いますが，同じ
ように児童の隣に座って活動することで「あれ何だろう？」や「一緒に
やるよ」等の言葉掛けをすることが増えました。

4．成果と課題
（1）個々の児童の手立て・配慮について

　今回の取組みでは，チームを構成する教師同士で，授業前に，学習集
団に所属する児童それぞれの学習上又は生活上の困難さを確認しまし
た。その中で，授業前と授業中に個別に配慮するべきことについて明ら
かにしました。特に授業中に配慮することを確認したことで，ST が「こ
の場面ではこうなるかも」という予測を立てることができ，事前に教師
側の準備ができ，授業実施場面でも個々の児童に合わせて細かく働きか
けることができました。こうしたことを積み重ねていくことで，効果的
な TT による授業を行うことができ，児童の学習を積み重ねていくこと
ができるのではないかと思います。

（2）ST の役割について

　知的障害特別支援学校の TT においては，集団に対して臨機応変な対
応が求められることが多いです。そこで本事例では，MT の役割を全体
進行，課題提示，活動状況の把握とし，ST を児童の協同活動者として
位置づけ，図 1-11 に示されている理解援助，意欲誘導，活動の補助，評価・
賞賛，活動見本といった行動をとるようにしました。このように ST が
行う事柄やその役割を授業実施前に整理し，確認することで，何を行う
べきかを理解することができ，MT の指示に従うだけでなく，より効果
的な TT が可能となるのではないかと思います。また知的障害をもつ子
供について浅野（2012）[6] は，視覚的に注意する能力に制限があること
が多く，結果的に視覚的にコントロールしながら学習していかなければ
ならない手の巧緻動作や，他者行動の詳細な観察によって学習しなけれ
ばならない複雑な操作を必要とする課題の獲得が困難になってしまうと
指摘しており，そのため注意の方向付けや手本の呈示などを適切に行う
必要があるとしています。その際，大庭ら（2012）の STc のように教
師が児童の集団に入って手本となったり，注意の方向付けを支援したり

＊6　浅野大喜（2012）リハビリテーションのための発達科学入門－身体をもった心の発達．協同医書．

することが有効であったと考えられます。

（3）課題

　本取組みは，児童4名に対して教師2名という比較的小さい規模での実践でした。しかし，学校現場においては，より大きな集団規模で授業を行うことも少なくありません。そのような大きな集団になり，関係する教師の人数が増えた場合に，どのように事前に役割を明確にしたり，個別の配慮を共有したりするのかについては今後の課題です。また，本取組みは授業分析などの詳細な分析を行ったものではありません。知的障害特別支援学校における TT の研究方法の検討等も課題の一つであるといえます。

次の一歩

　この学習集団は6年生の段階で，曲に合わせてベルハーモニーを鳴らしたり，他の児童の演奏を聞いた後に自分の演奏をしたりするような様子が見られました。ST の支援がなくとも，画面に提示されたイラストや絵譜を見ながら音楽を聴いて演奏する様子も見られています。

交流及び共同学習の成果と課題

1．交流及び共同学習の意義や成果

　障害のある児童等と障害のない児童等，あるいは地域の障害のある人とが触れ合い，ともに活動する交流及び共同学習は，障害のある子供にとっても，障害のない子供にとっても，経験を深め，社会性を養い，豊かな人間性をはぐくむとともに，お互いを尊重し合う大切さを学ぶ機会となるなど，大きな意義を有するものとされています（文部科学省，2019）。交流及び共同学習という表現は，2004 年の障害者基本法の一部改正により，「国及び地方公共団体は，障害者である児童及び生徒と障害者でない児童及び生徒との交流及び共同学習を積極的に進めることによって，その相互理解を促進しなければならない」と規定されて以来，用いられてきました。特別支援学校の学習指導要領では，第1章総則の第6節学校運営上の留意事項において，「他の特別支援学校や，幼稚園，認定こども園，保育所，小学校，中学校，高等学校などとの間の連携や交流を図るとともに，障害のない幼児児童生徒との交流及び共同学習の機会を設け，共に尊重し合いながら協働して生活していく態度を育むようにすること。」と示されるなど，その重要性の高まりが指摘できます。

　交流及び共同学習の成果については，文部科学省（2019）において，学校卒業後においても，障害のある児童等にとっては，「様々な人々と共に助け合って生きていく力となり，積極的な社会参加につながる」こと，また，障害のない児童等にとっては，「障害のある人に自然に言葉をかけて手助けをしたり，積極的に支援を行ったりする行動や，人々の多様な在り方を理解し，障害のある人と共に支え合う意識の醸成につながる」ことがあげられています。国立特別支援教育総合研究所（2021）によると，障害のある児童等の保護者が交流及び共同学習の実施の際に意識することとして，「友だちとの交流を拡げ，深めること」「自己について認識していくこと」「できること（学習面，行動面，他者との関係・コミュニケーション等）を増やすこと」「友だちと同じ場で過ごし，意識する中でこそ期待できる育ちがあること」が示されています。また，交流及び共同学習を通して，各学校全体の教育活動が活性化されるとともに，子供たちが幅広い体験を得，視野を広げることで，豊かな人間形成に資することも期待されます（文部科学省，2019）。

2．交流及び共同学習の課題

　宮野・細谷（2021）は，教科交流，行事交流，日常交流の3つの場面での知的障害特別支援学級の児童等の交流及び共同学習に関する実践上の課題を整理しています。それによると，教科交流は，特別支援学級の児童等の実態に合った学習課題が与えられていないこと，通常の学級の児童等が「お世話する」側になってしまい，支援する側と支援される側の構図ができてしまう場合があること，学年が上がるにつれ学習内容が難しくなっていくため，継続的に共同学習を進めていくことは難しいことを指摘しています。行事交流は，継続的・日常的に行っていくことが難しく，単なる行事に終わってしまう可能性があること，日常交流では，学年が上がるにつれ，遊びの内容も複雑になる等の理由で，特

別支援学級の児童等が，自主的・主体的に活動することが難しいこと等をあげています（宮野・細谷, 2021）。また，国立特別支援教育総合研究所（2018）は，交流及び共同学習の活動内容において，交流の側面に比重が置かれていることや相手校の意識・理解に関して課題があることを示しています。交流及び共同学習は，相互の触れ合いを通じて豊かな人間性をはぐくむことを目的とする交流の側面と，教科等のねらいの達成を目的とする共同学習の側面があるものであり，両側面は一体であると同時に，分かちがたいものとして捉えられています（文部科学省，2019）。単なる交流や場の共有で終わっていては，効果的な交流及び共同学習とはいえません。学校の教育活動全体を通じて，計画的，組織的に行うものであり（文部科学省，2017），その活動場所がどこであっても，在籍校の授業として位置づけられていることに十分留意し，教育課程の位置づけ，指導の目標などを明確にし，適切な評価を行うことが必要です（文部科学省，2019）。

　このように，成果とともに様々な課題のある交流及び共同学習ですが，その効果的な実施にあたっては，関係する教師間の協働が不可欠です。宮脇・阿部（2009）は，教師同士が共通理解するための能率の良い方法の工夫として，連絡しやすいツール（ファイル，週案，メモ等）の工夫や，環境設定の方法（打ち合わせしやすい職員室内の座席の配置，定期的で日常的な短い打ち合わせ時間の位置づけ等），短時間で共通理解すべき事項のポイントの整理を提案しています。Practice5 では，知的障害特別支援学級教師と通常学級教師の協働に基づいた交流及び共同学習について紹介しています。その中では，「特別支援学級の活動に交流学級の児童を招く」活動（以下，招く交流；Practice5 では「招待交流」と表記）に関する取組みについても取り上げています。星野・佐藤（2011）は，「招く交流」においては，「児童が交流学級に行く」活動（行く交流）よりも特別支援学級教師が手立てや配慮を行いやすく，児童の活動への意欲が高いことを述べています。

　日々多忙な業務に追われる教師ではありますが，関係する教職員が十分に情報共有を図り，協働することにより，効果的な交流及び共同学習を実践していくことが大切です。

[文献]

星野謙一・佐藤愼二（2011）特別支援学級における交流及び共同学習に関する実態調査：交流及び共同学習の形態に焦点を当てて．植草学園短期大学紀要，12（0），85-89．

国立特別支援教育総合研究所（2018）交流及び共同学習の推進に関する研究（平成 28 〜 29 年度）研究成果報告書．

国立特別支援教育総合研究所（2021）交流及び共同学習の充実に関する研究（令和元年〜令和 2 年度）研究成果報告書．

宮野希・細谷一博（2021）知的障害児を対象とした交流及び共同学習の実践的課題と今後の展望．北海道教育大学紀要教育科学編，71（2），43-53．

宮脇恭子・阿部美穂子（2009）交流及び共同学習の実践における教師の工夫：T 市小学校教師へのアンケート調査から．とやま特別支援学年報，3，31-39．

文部科学省（2017）特別支援学校小学部・中学部学習指導要領．

文部科学省（2019）交流及び共同学習ガイド（2019 年 3 月改訂）．

Practice 5 小学校における交流及び共同学習での協働

事例ガイド

どこで	誰と	何について
知的障害／ 特別支援学級（小学校）	通常学級教師	D（実施）

ここがポイント！

- 小学校の特別支援学級における交流及び共同学習は，同じ校舎内にいるからこそできる試みがたくさんあります。
- 活動をともにすることで，通常の学級内に在籍している特別支援教育の対象となる児童の理解や支援方法等を特別支援学級教師と通常学級教師の間で共有できます。

《関係する事例》Practice 2, 9

対象校・児童生徒の実態

- A市立B小学校（以下，B校）を対象としました。A市は，約68万人の人口規模の政令指定都市です。B校は，全校児童数860人ほどの市内でも有数の大規模校です。各学年4，5学級，特別支援学級は，自閉・情緒障害特別支援学級，知的障害特別支援学級があり，特別支援学級には全部で30人ほどの児童が在籍しています。
- B校の特別支援学級に在籍する児童全員に交流学級があります。交流及び共同学習をいつ，どのように設定するかは，本人や保護者，特別支援学級教師，通常学級教師等で相談して進めています。

1．なぜこのような取組みに至ったのか

　B校では，運動会や芸術鑑賞会などの学校行事や社会科見学や自然体験教室といった学年行事は，学年単位で取り組みます。そのため，特別支援学級の児童は，同学年の児童とともに事前学習を行い，行事当日は力を合わせて活動に取り組むことになります。B校では，障害をもつ児童だけではなく，多様な教育的ニーズのある児童が在籍しているため，お互いのことを様々な活動を通してわかり合えるように，一人一人の児童の交流及び共同学習を積極的に行っています。また，新1年生は，学区内のこども園や幼稚園等から入学してきます。就学前のこども園や幼稚園では，統合保育の下で一緒に過ごしてきました。小学校入学以前から児童同士の関係づくりができているため，その関係性は続けていきたいというのが児童達の思いでもあります。

2．チーム構成の詳細や工夫点
（1）チームの構成

　本取組みにおけるチームは，通常学級教師，学年主任，知的障害特別支援学級教師で構成されました。交流及び共同学習を実際に行う通常学級教師と知的障害特別支援学級教師が中心的な役割を果たしますが，交流及び共同学習の場は，学校行事や学年行事など学年集団で活動することが多いため，学年主任との連携も欠かせませんでした。また，知的障害特別支援学級の児童にとって，合理的配慮[*1]を要する活動もあるため，授業準備を含めた計画段階からの協働は重要な意味がありました。

*1　第二部第3章第1節参照

（2）校内の協力体制

　B校の学校経営計画には，学校教育目標達成のための3つの力の一つである「やさしさ」の力をみがくために，校内の指導として「通常級・支援級の交流で他者を理解し尊重する気持ちを育てる」ことがあげられています。通常の学級と特別支援学級との交流及び共同学習が，学校経営計画に明文化して掲げられたことにより，全教職員への理解や協力を得るきっかけになりました。年度初めの職員打合せでは，交流及び共同学習のねらいを全教職員で確認し，学校行事の検討等，年間で何度か特別支援学級の児童の情報を共有する機会をもちました。

3．実施した内容

　B校では，交流及び共同学習の取組みを，「共同学習」「交流学習」「招待交流」の3つに分けて目的に応じて実施しています。「共同学習」とは，教科等のねらいの達成を目的とした授業や活動，「交流学習」とは，児童の相互の触れ合いを通じて豊かな人間性をはぐくむことを目的とした授業や活動，「招待交流」とは，通常の学級の児童を特別支援学級に招

いて交流することを目的とした授業や活動のことをいいます。

　先に述べた通り，B校では各児童の実態に応じて，交流及び共同学習を「いつ」「どのように」設定するか検討しながら進められています。「いつ」は，各教科等，学校行事及び学年行事，「どのように」は，交流学級の児童，同学年の児童，縦割り活動での他学年のペアになる児童などの交流する相手と，何をねらいとするのかなどについて考えます。

（1）共同学習：1学年生活科「たのしい　あき　いっぱい」

　生活科では，年間を通して折に触れ身近な自然と触れ合うことで，季節の移り変わりに気づくことが学習内容の視点として盛り込まれています。生活科の年間計画において，このような校外での活動を「共同学習」として位置づけました。知的障害特別支援学級の児童も，身近な動植物への関心をもっており，校外での活動を楽しみにしていました。「共同学習」までの特別支援学級における指導では，この単元で扱う動植物について，同じ特別支援学級の上級生から教えてもらったり，校内で捕まえたりして名前を知る学習を行いました。通常の学級の児童と違うところは，実際に見たり触れたりする機会を繰り返し設定しているところです。

　また，特別支援学級の児童それぞれについて，単元目標の到達度を明確にしておきました（表1-1）。「共同学習」の当日，特別支援学級の児童それぞれが，通常の学級の児童と一緒にドングリがたくさん落ちているところを見つけて分け合ったり，バッタを追いかけ捕まえられるようになったり，自分の知っている動植物を通じて一緒に活動することを楽しみました。一緒に活動することで，その後の休み時間では，運動場で会うと何となく一緒に遊んでみようと集まっていたり声を掛け合ったりする姿が見られました。

表1-1　生活科単元目標と特別支援学級児童（X，Y）の目標

小学1年生活科単元目標	秋の自然と関わる活動を通して，身近な自然の違いや特徴を見付けたりする。自然の様子や四季の変化に気付いたり遊びの面白さを自然の不思議さに気付いたりするとともに身近な自然を取り入れ自分の生活を楽しくしようとする。
児童X	植物や虫に関心をもち，生育する場所には何があるのか知ることができる。
児童Y	学校や公園で見つけた植物や虫の名前をいくつか言うことができる。

（2）交流学習：運動会　学年種目への参加

　B校では，学校行事である運動会は，学年種目に参加します。運動会当日までの練習も通常の学級の児童と一緒に取り組みました。特別支援学級教師は，学年種目の演技や競技の計画準備段階から学年教師集団の検討場面に参加し，演技や競技の内容が特別支援学級の児童達ができる

ものかどうかを一緒に考えてもらいました。加えて，演技中の隊形移動のしやすさや通常の学級の児童との関わりやすさを考慮した運動場での立ち位置や競技順序を考えました。

　実際の学年種目では，演技中に立ち位置の移動があり，特別支援学級の児童に移動先がわかりやすいように地面に目印になる支援グッズを置くことにしました。練習が始まると，通常の学級の何人もの児童が自分の行き先がわからず移動できなかったり，その後の演技に参加できなかったりする状況が出てきました。そこで，特別支援学級の児童が使用している同じ支援グッズを使って自分で移動できるような環境設定を行うと，その児童達は移動も間違えず，自信をもって踊るようになりました。通常の学級の児童達も，自分の立ち位置へ移動することに少し不安をもっていたようで，「○○ちゃんの赤いの（支援グッズ）から2つ後ろだった」などと言い，特別支援学級の児童が使用している支援グッズを手がかりに移動していたのです。

　通常の学級の児童でも，大きな運動場の中で，周りの児童だけを目印に次の自分の立ち位置まで移動することに不安な児童が多くいることがわかりました。場所の認識や注意の持続が難しい児童が通常の学級にも多く在籍しています。このような児童がたくさんいる中で，教師が適切なタイミングでそれぞれの児童へ支援をすることは難しいです。通常の学級の中で，どの児童に支援グッズが必要なのか通常学級教師と知的障害特別支援学級教師が相談する中で，双方の児童の理解が深まりました。「このマット（支援グッズ），これはいい！」と，ちょっとした目印で自信に変わるんだと，通常の学級の児童や通常学級教師が気づいてくれる機会になりました。

（3）招待交流：休み時間「トンネルをつなげてみよう」

　15分間の休み時間と昼休みに，交流学級の児童を特別支援学級に招待しました。以前から，通常の学級の教室と様子の異なる特別支援学級の教室に興味をもっていた児童がいましたが，声を掛けると何人かの児童達が特別支援学級に遊びに来てくれました。特別支援学級の児童達もいつも自分達が遊んでいるスペースにたくさんの友達が来ると，学級内で盛り上がった玩具を出そうと，気遣いを見せる子もいれば，急にたくさんの子が入った教室に圧倒されている子もいました。

　教室の中では様々な遊びが繰り広げられていましたが，それぞれにできることの違いがあり，一緒に遊ぶことが難しい活動（折り紙など）もあることがわかってきて，全員ができる活動として，廊下に段ボールを使ってトンネルづくりをすることにしました。このトンネルは，特別支援学級の児童が4月の初めに特別支援学級内の児童同士の関わりを深めるために使った教材でした。特別支援学級の端にある段ボール置き場か

ら，せっせと運び出し，廊下で段ボールをつなげます。特別支援学級の児童達は，使う物の準備や片付け，遊び方をわかっているからこそ動けます。遊び出しが特別支援学級の児童になり，自分たちのテリトリーだからこそ，来てくれた友達を自信をもって誘うことができます。通常の学級の児童も，いつもと違う関わり方を感じることができました。トンネルをつなげてしまえば，各々その中で好きなように過ごすだけですが，それぞれ好きなようにすることが当たり前な空間でお互い居心地が良いようでした。廊下で遊んでいるところに通りがかり，興味をもった交流学級以外の児童も一緒になって遊ぶこともありました。

4．成果と課題
（1）成果
①効果的な交流及び共同学習の設定

　特別支援学級教師と通常学級教師は，日常的に情報を交換し，生活科の単元の一部を「共同学習」として設定しました。校内の同じ職員室にいることで，双方の歩調を合わせ柔軟に交流及び共同学習の機会を設定することができました。また，「招待交流」によって，より特別支援学級の児童が参加しやすい交流及び共同学習ができました。一般的に，交流及び共同学習では，特別支援学級の児童は通常の学級の児童達の中に入っていくことなります。異なる環境では自分の力を発揮しにくい児童が多くいます。慣れた環境下の交流は，本来の力を知ってもらう機会になるとともに，通常の学級の児童も特別支援学級の教室内の教材や掲示物，予定黒板を見て特別支援学級の生活をよく知ることにもなりました。

②通常学級教師の困り感の共有

　個々の学級の教室の中で起こる出来事は，職員間でなかなか共有できるものではありません。特別支援学級教師が交流学級の児童と関わることで，これまで特別支援教育支援員しか知らなかった，通常の学級に在籍する特別な教育的ニーズのある児童の実態を知ることができました。特別支援学級教師が交流学級の児童の様子を知っていることで，通常学級教師が抱える日常での指導の困り感を共有でき，相談にのりやすくなりました。

（2）課題
①交流機会の系統性

　子供達は同じ学区に居住しており，就学前施設－小学校－中学校と同じ学び舎で過ごします。その中で，通常の学級の児童と特別支援学級の児童との関わりは，小学校入学前の就学前施設より始まっています。小学校でも，教室が分かれても交流及び共同学習の機会をつかい関わりは続きます。しかしながら，知的障害特別支援学級の児童の障害特性から，

学年が上がるにつれて「共同学習」の難しさが見られ，交流機会の減少が想定されます。特に，中学校に移行すると，交流機会はさらに減少することも考えられます。

②職員の障害理解

　特別支援学級でも在籍児童の障害の程度の重度化が見られています。特別支援学級の児童に対し，校内職員がどう関わればよいのか戸惑うことがあります。そこには，職員がまず障害の有無にかかわらず同じということを見出すこと，違うことへの関心と理解，伝わり合うことの喜びが大事なことを教師達が理解し児童に伝えられるように，多様性尊重の萌芽を育てることが求められます。このことには，子供達は，少なからず近くにいる大人の影響を受けます。なおさら，学級担任の先生の立ち振る舞いや関心の低さからくる空気感は，子供同士の関係性にもつながります。このことから，子供同士の関わりもさることながら，職員の障害理解が課題としてあげられるのです。

次の一歩

　学年が上がり，特別支援学級在籍の児童も新たな交流学級の児童と交流することになります。前年度まで中心的に関わっていなくても，近くで様子を見ていた児童がいます。その児童が，今度は自分が仲良く関わってみたいと思って，昼休みなど，特別支援学級へ通い出しました。緊張感からなかなか友好的な行動が出てこない特別支援学級の児童に粘り強く関わろうと，ほぼ毎日通うようになって2週間が経つと，自分でできる言葉と方法を使って，特別支援学級の児童が手紙を書いてきました。先生に書かされた自己紹介カードの字よりはるかに丁寧に書かれた字に，通常の学級の児童も感じるところあって，双方の付き合いが少しずつ進み始めました。

第4節 評価・改善段階における TT

自立活動と各教科の関連をはかった評価の在り方

1. 関連をはかることの難しさ

　第二部第1章第1節で触れたように，授業は，計画（Plan）・実践（Do）・評価（Check）・改善（Action）という一連の活動（PDCA サイクル）を絶えず機能させ実施します。評価の結果によって後の指導を改善し，さらに新しい指導の成果を再度評価するという指導と評価の一体化をはかりながらより良い授業の実現を目指すことが重要です（文部科学省，2021）。

　特別支援学校においては，小・中・高等学校等に準ずる各教科等とともに，自立活動の指導が行われます。知的障害者である児童等に対する教育を行う特別支援学校においても，知的障害の特徴及び適応行動の困難さ等を踏まえた各教科等とともに，自立活動の指導が行われています。各教科等と自立活動の指導においては，それぞれが独立したものとして実施されるものではなく，両者が密接な関連を保ちながら PDCA サイクルを機能させることが求められます。ところが学校現場においては，しばしば「自立活動の指導が他の授業場面や生活場面に生かされない」といった声や「自立活動と各教科の関連をはかることが難しい」といった声が聞かれます。特に，それぞれの授業担当者が異なる場合，密接な関連をはかりながらより良い授業を展開していくことは簡単なことではないようです。自立活動と各教科等は，授業設計の過程が異なります。両者の違いを各教師がきちんと理解していないと，その関連をはかることは難しいといえるでしょう。

2. 評価のちがい

　各教科等は，学習指導要領に示される目標及び内容をもとに指導目標や指導内容を設定し，実施します。その評価については，各教科等の児童等の学習状況を観点別に捉え，学習状況を分析的に把握することが可能な観点別学習状況の評価と，各教科等の児童等の学習状況を総括的に捉え，教育課程全体における各教科等の学習状況を把握することが可能な評定があります（文部科学省，2019a）。知的教科においても，文章による記述という考え方を維持しつつ，同様です（文部科学省，2019b）。

　一方で，自立活動は，一人一人の子供の実態等から課題を抽出した上で指導目標及び指導内容を設定します。そのため，評価については，指導目標に照らし達成状況を評価する目標に準拠した評価となります。

3．評価における関連

　自立活動は，障害のある子供達が各教科等の授業場面や生活場面において，抱えた困難，そしてその背景となる課題が授業の根拠になります。そのため，自立活動の指導において指導した後，各教科の授業場面や生活場面における子供達の困難がどのように変容したのかについても評価する必要があります。もし，「自立活動の指導が他の授業場面や生活場面に生かされない」という状況があるのであれば，それは自立活動の授業の根拠である指導すべき課題（中心的な課題）が適切であったのかについて，検討する必要があるかもしれません。また，自立活動の指導は特設された時間における指導のみならず，学校の教育活動全体を通じて適切に行うものであるため，各教科等の授業においても指導していくものです。自立活動の意義や授業設計の過程を踏まえると，自立活動の指導と各教科等の指導は，授業の全過程において相互に関連づけられ，常に子供の学習の成果や課題が共有されるものであるといえます（安藤，2021）。各教科等と自立活動の関連のイメージを図1-12に示しました。

　Practice6 では，自立活動の指導を担当する教師と各教科等を担当する教師が協働し，授業の評価，改善を行うことを通して，それぞれの関連をはかった授業改善の在り方について提案しています。両者の関連をはかることで，一貫した指導が実現し，効果的な指導となった事例を紹介します。

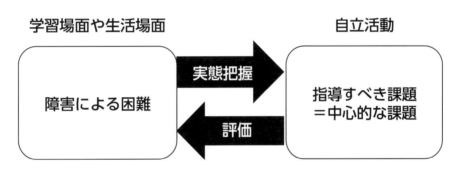

図1-12　各教科等と自立活動の関連のイメージ

［文献］

安藤隆男（2021）新たな時代における自立活動の創成と展開−個別の指導計画システムの構築を通して．教育出版，74-90．

文部科学省（2019a）小学校，中学校，高等学校及び特別支援学校等における児童生徒の学習評価及び指導要録の改善等について（通知）．
　https://www.mext.go.jp/b_menu/hakusho/nc/1415169.htm

文部科学省（2019b）児童生徒の学習評価の在り方について（報告）．
　https://www.mext.go.jp/component/b_menu/shingi/toushin/__icsFiles/afieldfile/2019/04/17/1415602_1_1_1.pdf

文部科学省（2021）学習指導要領の趣旨の実現に向けた個別最適な学びと協働的な学びの一体的な充実に関する参考資料．
　https://www.mext.go.jp/content/210330-mxt_kyoiku01-000013731_09.pdf

Practice 6 特別支援学校における授業評価場面での協働

事例ガイド

どこで	誰と	何について
肢体不自由／特別支援学校	同僚教師	C・A（評価・改善）

ここがポイント！

- 各教科等の授業，自立活動の時間における指導を，担当する授業者間で協働しながら行いました。各教科等の授業者と自立活動の時間における指導の授業者が，週に1回情報共有をすることで，各授業者はその内容を踏まえて授業改善をすることができ，結果的に児童の変容につながりました。

《関係する事例》Practice 3, 4, 7

対象校・児童生徒の実態

- X 肢体不自由特別支援学校（以下，X校）を対象としました。X校には，家庭から通学する児童等の校舎と，医療療育施設に入所し，施設から通学する児童等の校舎の2つがあります。X校では，各学級担任を中心に，複数の教師が分担して各教科等の授業，自立活動の時間における指導等を担当しています。自立活動専任の教師は配置されず，全ての教師が各教科の授業と自立活動の時間における授業の両方を担当する体制をとっています。

- 対象児童は，X校の小学部の小学校等に準ずる教育課程で学ぶ A さんです。A さんは，まひはあるものの，車椅子やクラッチ等は使用しておらず，1人で歩いたり走ったりすることができます。また，字を書いたり道具を使ったりすることや，食事をとることも1人でできます。学習においては，自分が体験していないことに関するイメージをもちにくい様子，また全体の場での一斉指示では注意が向きにくく，課題を理解することに難しい様子が見られます。

1. なぜこのような取組みに至ったのか

特別支援学校の学習指導要領[*1]においては,「自立活動の時間における指導は,各教科,道徳科,外国語活動,総合的な学習の時間及び特別活動と密接な関連を保つこと」と示されています。X校の小学部では,各教科等や自立活動の時間における指導,学校生活全般における児童の様子や評価の共有等を,ケース会の場において共有する機会を設けています。

ケース会は,2学年ごとの教師集団で行い,各教科等の授業と自立活動の時間における指導との関連を考えながら話し合いをしています。しかしながら,ケース会に必ずしも全員の教師が参加できるわけではなく,担当教師間で児童の様子や評価に関してうまく情報共有ができていないこともありました。学級担任が中心となりながら,関係する教師間で何をどのように共有し,共有した内容を各教師がどのように授業に生かしていくのか,その過程を整理したいと思いました。そうすることで,多忙で話し合いの時間がなかなか取れない教師間であっても,各教科等と自立活動の時間における指導との関連を効果的に図った授業評価と授業改善ができるのではないかと考えました。

2. チーム構成の詳細や工夫点
(1) 対象授業及び授業者等の概要

準ずる教育課程の小学部第6学年算数の授業と自立活動の時間における指導を対象授業としました。算数の授業は,Aさんを含む児童5名に対して,学級担任でもある教師1名(B)で実施しました。算数の授業は週に5時間あり,当該学年の目標,内容で進めています。自立活動の時間における指導は,Aさん1名に対して,同じ学部所属で,担任ではない教師1名(C)が実施しました。自立活動の時間における指導は,週に2時間あります。

Aさんを含む学級は,担任(B)1名,副担任1名で担当しています。Bは,算数の他に,国語や特別の教科道徳,特別活動を担当しています。Cは,自立活動の時間における指導の他に,体育の授業で週に2時間,Aさんと関わっています。

X校では,各授業において,授業者1人で計画,実施,評価,改善を行っています。対象授業においても同様に,各授業者が計画から改善まで1人で行いました。

(2) 協働の手続き

授業者間の協働に着目し,協働の手続きを考えました(図1-13)。授業者間の情報共有の頻度は,週に1回を想定しました。情報共有を週に1回にした理由としては,BとCの負担を考慮したことや,対象とした

*1 文部科学省(2017) 特別支援学校小学部・中学部学習指導要領.

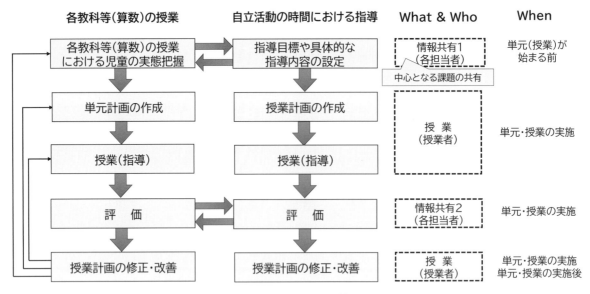

図1-13　授業者間の協働に着目した手続き

（筆者作成）

自立活動の時間における指導が週に1回であったことによるものです。

3．実施した内容

（1）各授業について

　各授業者が作成した計画をもとに，授業を実施しました。

　算数の授業の単元は「つりあいのとれた形の分類や性質を調べよう」で，学習指導要領では「図形」に位置づきます。本単元は，全9時間で実施しました。

　自立活動の時間における指導は，以下の2つを目標としました。

　①座った姿勢と立った姿勢の身体の使い方の違いに気づくこと

　②座った姿勢で手指を使う課題に取り組むことを通じて，自分の身体の特徴を理解すること

（2）授業者間の協働の実際

①情報共有1

　算数の授業の単元に入る前に，授業者間で情報共有をしました（図1-13：情報共有1）。授業者間ですでに個別の指導計画における中心的な課題の共有をしていたため，情報共有の内容は，算数の授業では，「図形の領域の学習に入ること」，自立活動の時間における指導では「手や指の動きの難しさから折り紙の活動を行っていること」といった指導内容の共有でした。

②授業の実施

　算数の授業では，導入として，線対称な形や点対称な形を実際に動かし，「真ん中で折るとぴったり重なるもの」（線対称）や「180°まわすとぴったり重なるもの」（点対称）を探して仲間分けすることから始めま

した。その後，線対称な図形の定義や性質の理解，線対称な図形の性質を使ったかき方を理解することをねらいとして，線対称な図形を折ったり，図形について調べてみたり，図形を描いたりしました。最後に，点対称な図形についても，線対称な図形と同様な学習活動をしました。単元の前半では，図形を折ったり，回したりする学習活動がありましたが，単元に入る前にBとCで情報共有した，Aさんの中心的な課題である「手や指の動きの難しさ」に関しては，算数の授業ではそれほど困難さとしてあらわれず，Aさんはゆっくりではありますが，自分で試行錯誤しながら図形を操作して学習に取り組むことができている，と評価しました。

　一方で，導入で行った「180°まわすとぴったり重なるもの」が，Aさんはわからない様子でした。そのとき，Bはまず全体で，黒板に形を写し取って，180°回すことを提示したあとに，個別にAさんと180°の角度を確認し，一緒に形を回して確かめました。Bは，Aさんは図形を回すと重なる，というイメージがもちにくいのではないか，と評価し，「手や指の動かしにくさ」による図形の操作のしにくさが，「図形をイメージすることの難しさ」につながっているのではないかと考えました。

③情報共有2

　単元が半分終わったところで，Cと，算数の授業での評価，また自立活動の時間における指導での指導経過について情報共有しました（図1-13：情報共有2）。時間は20分程度でした。Cは，現在Aさんが取り組んでいること，Aさんの学習上や生活上での難しさとその背景，Aさんが目指すところをBと共有しました。

　現在Aさんが取り組んでいることは，折り紙で折りたいものを，タブレット端末で調べて折ることでした。この活動では，①椅子に座った姿勢で，指先に注意を向け，使い方を学習すること，②折り方の見本の流れを記憶に留めること，③うまくできないところは教師に聞くことをねらいとして行いました。

　Cは，自立活動の時間における指導や体育の授業でのAさんの様子から，Aさんはうまくできるまで何回も取り組もうとしますが，なかなかうまくできないことに注目しました。そして，このことは，「手首と肘を調節して使うことが苦手であること」や，「エネルギーを使いすぎること」が背景にあるのではないかと考えました。そこで，Aさんには，（1）で示した自立活動の時間における指導の目標を立てました。

　こうした目標を達成する過程で，Aさんは自分ができなかったことがわかり，そこができるようになったと実感できることを目指していくことを共有しました。算数の授業での難しさについて，Cは，手や指の動かしにくさと図形のイメージの難しさは分けて考えるとよい，と自身の見立てをBと共有しました。その上で，自立活動の時間における指導で，Aさんの入力と出力の仕方の様子を把握することにし，絵を描くことや

立体のパズル等を活動として取り入れてみることにしました。

④授業の実施

　こうした情報共有を経て，Bはその後，授業の中で，Aさん自身が「できなかったけど，できた・わかった」という実感をもてるよう，また図形のイメージがもてるよう，Aさんが自分で操作しながら，確かめることをより丁寧に行いました。

　具体的には，点対称な図形の対応する点，対応する辺，対応する角を，Aさんが自分でトレーシングペーパーに写し取り，トレーシングペーパーを動かしながら自分でじっくりと確かめる時間をとりました。そうすることで，Aさんは点対称な図形の性質を概ね理解することができました。また，単元の最後の授業では，点対称について「自分でイメージしながらやって，これかなあと思った。」と自分自身でイメージしながら取り組んだ発言も見られました。

4．成果と課題

　算数の授業と自立活動の時間における指導の授業者間の協働を，図1-13の授業者間の協働に着目した手続きと，文部科学省（2020）[2]，安藤（2021）[3] を参考に，図1-14のように整理しました。

＊2　文部科学省（2020）初めて通級による指導を担当する教師のためのガイド.

＊3　安藤隆男（2021）新たな時代における自立活動の創成と展開－個別の指導計画システムの構築を通して－.教育出版.

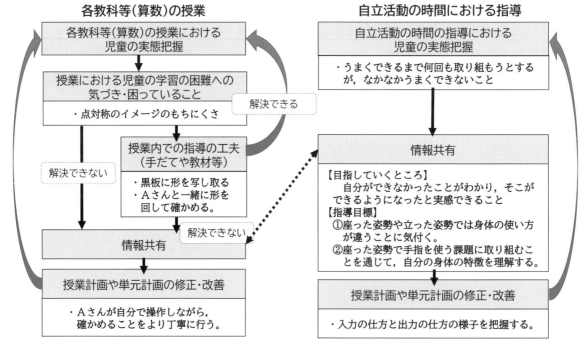

図 1-14　本事例における授業者間の協働
（文部科学省，2020；安藤，2021 を参考に筆者作成）

　各教科等（算数）の授業では，授業を実施しながら各教科等（算数）の目標に照らし合わせて，児童の実態把握をしました。その中で，児童の学習上の困難さに気づくと，授業者は授業内で手立てや教材等の指導

の工夫をしていました。そうしたことで，児童の学習上の困難さが解決できた場合は，授業者は再び授業を実施しながら児童の実態把握をしていきます。しかしながら，児童の学習上の困難さに気づき，授業内で手立てや教材等の指導の工夫をしても解決に至らないことがありました。また，担当する授業者だけでは解決できないこともあります。そうした内容を，自立活動の時間における指導の授業者と情報共有をすることで，児童の関わり方も含めて，授業計画や単元計画の修正・改善を図っていました。また，その後の児童の学習の状況を各教科等（算数）の目標に照らし合わせながら把握，評価して指導を進めることで，児童の変容が見られました。

　自立活動の時間における指導においても，授業を実施しながら児童の実態把握をしていました。自立活動の時間における指導では，自立活動の6つの区分をふまえて，児童が目指していくことや指導目標，学習活動，学習の様子を各教科等（算数）の授業担当者と共有をすること，また各教科等（算数）の授業での児童の学習の難しさを共有することで，共有した内容を生かして，児童の実態把握も含め，授業計画の修正・改善をしていました。

　本事例を通して，各教科等の授業と自立活動の時間における指導の授業者間の協働においては，週に1回，各教科等の授業者は，各教科等の目標と照らし合わせたときに生じる児童の学習上の困難さを中心に，自立活動の時間における指導の授業者は，自立活動の6つの区分をふまえて，捉えた児童の指導目標，学習活動，学習の様子を中心に情報共有をすることで，それぞれの授業を改善していること，また授業改善が児童の変容につながることが明らかとなりました。

次の一歩

　その後，再度時間をとって授業者間で情報共有をしましたが，それ以降は廊下で会ったときや授業前に短時間ですることが多かったです。数回，時間をとって情報共有をすることで，短時間でも必要な情報を共有することができると感じました。

　Aさんは，その後算数の授業「立体の体積」で，教師が方眼紙で作った角柱や円柱を自分で展開したり，友達と一緒に円や長方形をかいて円柱を作る活動に取り組んだりし，授業者もそうした時間を大切にしました。そして，単元の後半では，複合している立体の体積を一人で求めることができ，とても自信をもっている様子がうかがえました。

「学校」を基盤とした教師と外部専門家との協働

特別支援教育における「チーム学校」の現状と課題

　「チームとしての学校」（第一部参照）が示された背景には，「なべ蓋組織」といわれる従来の学校組織が抱えていた課題に対応する必要性がありました。従来の学校組織の特徴として，自己完結型の組織で，「学年・学級王国」を形成し，教師間の連携が少ない疎結合組織[*1]（佐古，2006）であると指摘されています。このことに対応するため，「主任」[*2]や「主幹教諭」[*3]を配置し，学校のマネジメントをより組織的に行われるような体制を構築するとともに，教師以外の専門人材との協働，学校と地域との連携強化を目指してきました。ここでは，教師間の協働と，教師と教師以外の専門人材との協働に着目し，それぞれの現状と課題を整理していきます。

1．学校組織における教師間の協働

　1980年代以降，欧米では個人主義的教師像への反省から，勤務校での同僚間の連携が重要であると指摘されるようになり，勤務校を基盤としたschool basedの現職教育が提起されるに至りました（安藤，2021；今津，2017）。その中核的な概念として「同僚性[*4]（collegiality）」が提起され，日本でも教師教育分野等において議論されてきました。ハーグリーブス（Hargreaves, A.）は，日本の教師は教師役割に基づいて普段から集合的，相互作用的な教育活動を行う協働的な教育の文化を実現していると述べました。一方で紅林（2007）は，日本の教師は個人主義（individualism）に基づく学級王国的性格と私事化（privatization）の進行により，同僚間の関係性が希薄化していることを指摘しました。「チーム学校」を実現させるためには，同僚性を育み，学校組織の協働を強化していく取組みが重要であると考えられます。

　安藤（2021）は，自立活動における協働場面を想定しながら，特別支援教育における同僚性について論じています。特別支援学校では，児童等の障害の重度・重複化により，チーム・アプローチを拡大させてきました。複数の学級担任制のほか，指導形態としてのチーム・ティーチングの日常的な導入，個別の指導計画作成における複数教師の関与等がこれにあたります（第1章第1節参照）。小・中学校等では，特別支援教育の対象者の量的拡大，2017年告示学習指導要領等において自立活動の積極的な導入が規定されたことなどにより，関係教師間の協働の機会を飛躍的に増大させたと指摘しています。自立活動は，自立活動の時間における指導（以下，時間の指導）と自立活動の指導とに分けられ，前者は時間を設けて行う指導，後者は学校教育活動全体を通じて行う指導です。通級による指導を例にあげると，通級指導教室での指導は時間の指導，通常の学級では自立活動の指導として個別の指導計画に明記されることとなります。そのため，時間の

指導を担当する通級指導教室担当教師，各教科等の指導において自立活動の指導を担う通常の学級担任教師，全校の個別の指導計画作成等を担う特別支援教育コーディネーターは，自立活動の指導におけるそれぞれの役割に基づいて協働することが求められています。

　なお，小学校の校内体制等について，Lecture8 及び Practice8 において取り上げています。

　日常的な指導において協働が求められる特別支援教育において，同僚性を高めるためには，どのような取組みが想定できるでしょうか。佐古（2006），佐古・住田（2014）によると，学校の組織的な教育活動の改善には，個々の教師の実践的な自律性（児童等の実態に即して教育活動の改善に能動的に取り組むこと）と，学校教育の組織性（学校の教育活動が一定のまとまり，つながりのあるものとして構築されること）の2つの条件が必要であるとしました（図 2-1）。

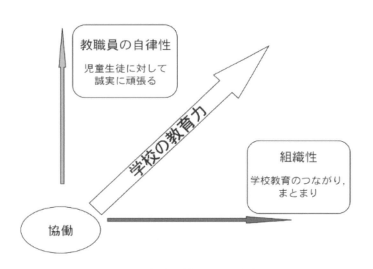

図 2-1　学校組織開発の基本課題

（佐古・住田，2014 より転載）

　そこで，教師の自律性を育むこと，学校教育の組織性を促すことの2点について整理します。

（1）教師の自律性を育むための視点：若手教師とミドルリーダーの育成に着目して

　学校における若手教師の割合の増加に伴い，若手教師の専門性の育成が重要課題の一つとなっています。また，教師の成長において，最初の3年間は「サバイバル期」（吉崎，1997）であるとされるほど重要な時期であると示唆されています。

　内海（2023）は，教師が自らの成長に関わる行動を起こす過程をモデルとして整理しました（図2-2）。成長に関わる構成要素を3つから捉えました。①担当する子供との出会いなど転機となる出来事を指す「契機」，②研修会に参加するなど契機に基づいて教師がとった方略である「行動」，③先輩教師など契機及び行動に関係の深い人物，モノ（理論や思考等を含む），場所である「資源」です。成長のメカニズムには，「契機」を自覚し模索した結果「行動」を起こすというプロセスがあり，「契機」と「行動」には相互に関係するものとして「資源」が位置づきます。そして，「行動」に対する評価とその高度化をもって，次なる成長につながるサイクルをイメージしています。若手教師は自身の困難さなどを背景とした「契機」を自覚することが重要となり，若手教師を育成する学校組織においては，若手教師が「契機」や「行動」を得て，研鑽を積むことができるような「資源」を確保することが重要であると考えます。

　なお，若手教師の育成に関しては Lecture7 及び Practice7 において取り上げます。

　若手教師の「資源」にもなり得る存在であり，組織マネジメントにおいても欠かせない存在としてミドルリーダー[*5]があげられます。現職研修の仕組みとしては，法定研修にあたる中堅教諭等資質向上研修[*6]がミドルリーダーの育成を担っており，教員育成指標[*7]等を用いながらキャリア形成を意識づけすることが重要となります。また，ミドルリーダーである校務分掌の主任等が同僚性を構築する過程を検討した奥田・安藤（2018）によると，分掌主任等は役割使命の達成に必要な条件として同僚性の構築を認識しており，分掌主任等が場所・集団等を調整して，教師同士が学び合える環境をつくっていることを示唆しました。取組みを通して同僚性構築等に対する一定の成果を感じつつも，分掌主任等の認識や取組みは校内で共有されることなく個人内に蓄積されるにとどまっていることも指摘しています。分掌主任等の働きかけを全校で共有し，学校組織として同僚性の構築を検討する機会が必要であるといえます。

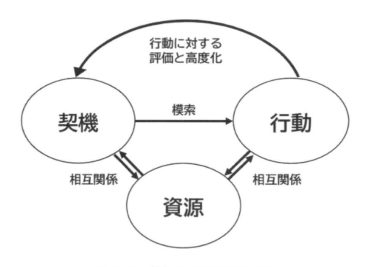

図 2-2　教師の成長過程モデル

（内海，2023 より転載）

（2）学校教育の組織性を促すための視点：校務分掌の役割の明確化

　特別支援学校の組織特性の一つに規模の大きさがあげられます。小学部，中学部，高等部を有する学校が多いことに加え，複数の障害領域を置く併置型特別支援学校も全国的に増加しています。異年齢の児童等の交流等による相互作用が期待できることや，複数障害種への対応の利点もありますが，教師間の共通理解の困難さや複数の教育課程の編成による場所や行事等の調整の困難さなども指摘されてきました。そのような特別支援学校の組織運営に関して，橋本（2015）は，主幹教諭や主任等を活かして，校長の下，副校長や主幹教諭から成る経営戦略会議に基づき各部署単位で実働できるような仕組みづくりを提案するとともに，各部署において OJT（On the Job Training）の視点を組み込んだ人材育成の必要性を述べています。

　一木（2021）は，カリキュラム・マネジメントにおいて個々の教師が主体者として自覚をもてるよう，校務分掌の役割を明確化したうえでそのつながりを整理し，連携させることの重要性を示しました。連携を強化するためには，まず，つながりを「見える化」させることを提唱しています（図 2-3）。学校教育活動には，各分掌が年間の営みの中で関連しあっており，各分掌の役割とつながりを明確にすることは，協働的な組織運営において重要となります。

　Practice10 では，自立活動部等の校務分掌の役割に基づく協働の実践を取り上げています。

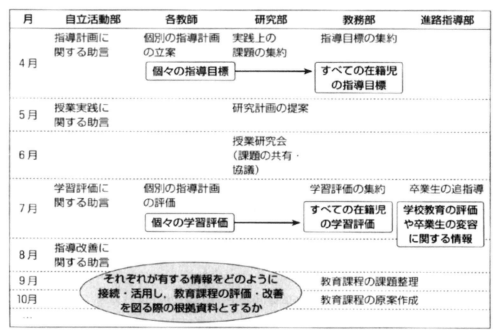

図2-3　各分掌の営みとつながりを整理する

（一木，2021 より転載）

2．学校と外部専門家との連携・協働

　2022 年 12 月に改訂された生徒指導提要では，冒頭で児童等にとって「学校が安心して楽しく通える魅力ある環境」であるために，「学校だけでなく，家庭や専門性のある関係機関，地域などの協力を得ながら，社会全体で子供たちの成長・発達に向け包括的に支援していくこと」の必要性が指摘されました（文部科学省，2022b）。学校内外の関係者によるチーム学校の指導体制の構築が重要であるとされたのです。チームを構成するメンバーは，教師同士だけでなく，「心理や福祉等の専門スタッフを学校の教育活動の中に位置づけ」（文部科学省，2015），教師と専門スタッフとの連携・協働の体制を充実させることが求められています。心理や福祉等の専門スタッフとして，スクールカウンセラー（SC）やスクールソーシャルワーカー（SSW）等が知られています。また，障害などの特別な支援を要する児童等への対応に関しては，小・中学校等と特別支援学校など学校間の協働や，学校と医療・保健機関との連携が不可欠です。以下，それぞれの協働について概説します。

（1）学校間の協働

　小・中学校等には，近年ますます多様な教育的ニーズのある子供が増加しています。教育的対応の課題に向き合うにあたっては，校外の資源を活用することも有効といえます。特別支援学校には，地域における特別支援教育のセンターとして，小・中学校等の要請に基づき支援する役割があります。センター的機能として，特別支援教育制度転換期に位置づけられました（学校教育法第 74 条）。多岐にわたる小・中学校等のニーズに対応するために，特別支援教育コーディネーターや地域支援部等が中心となったうえで，「教室」において授業を行う教師を含め特別支援学校の組織全体で取り組むことが重要です（安藤，2021）。さらに，特別支援学校と小・中学校等は設置者等が異なる場合も多く，スムーズに要請に応えるためには，教育委員会等の地方教育行政と学校との協働も必要不可欠です。

センター的機能に関しては，Lecture9 及び Practice9 において，役割の詳細や実践を取り上げています。

また，共生社会の形成にむけて，異なる学校間による交流及び共同学習の推進も求められているところです（Lecture5 及び Practice5 参照）。単発的な関わりでなく継続的に取り組むことで双方の理解が進むとされており，学校間の日常的な協働が重要であると考えられます。

（2）SC 及び SSW の職務と配置状況

SC は，いじめの深刻化や不登校児童等の増加などを背景として，1995 年度から文部科学省によって制度化されました。SC とは，カウンセリング等を通して子供たちの悩みや抱えている問題を解決に向け支援する者（文部科学省，2017）とされています。

また，いじめ，不登校，暴力行為，児童虐待などには，児童等の心の問題とともに，家庭，友人関係，地域，学校等の児童等が置かれている環境の問題が複雑に絡み合っており，教育分野に関する知識に加えて，社会福祉等の専門的な知識や技術を有する SSW を活用することが進められてきました。スクールソーシャルワークを明示した活動は 2000 年度から自治体独自の取組みとして開始され，文部科学省は 2008 年から SSW 活用事業を始めました。SSW とは，子供と子供を取り巻く環境に働きかけ，家庭，学校，地域の橋渡しを行うなどにより，悩みや抱えている問題の解決に向けて支援する者（文部科学省，2017）とされます。

SC 及び SSW の職務として，①不登校，いじめ等の未然防止，早期発見及び支援・対応等，②不登校，いじめ等を学校として認知した場合又はその疑いが生じた場合，災害等が発生した際の援助が主に挙げられ，SC は児童等や保護者に対する相談対応や教職員や組織に対するコンサルテーション，SSW は学校・地方自治体・地域のアセスメントや働きかけが主に挙げられています。

配置状況については，2018 年に閣議決定された第3期教育振興基本計画[*8]の中で，2019 年度までに原則として SC を全公立小中学校に配置すること，SSW を全中学校区に配置し，配置時間の充実等を目指すことが掲げられました。SC の配置状況は，2022 年度時点で小学校 7,982 箇所，中学校 8,949 箇所，義務教育学校 167 箇所，高等学校 2,544 箇所，中等教育学校 34 箇所，特別支援学校 528 箇所，その他（教育委員会，教育支援センター等）275 箇所でした。SSW の対応学校数は，2021 年度時点で小学校 12,021 校，中学校 6,283 校，高等学校 1,483 校，特別支援学校 292 校でした。文部科学省による SC 及び SSW の活用事業は継続的に取り組まれており，今後さらなる活用が求められているといえます。

（3）医療・保健機関との連携

早期からの一貫した支援を充実する観点から，就学前から生涯にわたり保健・医療・福祉・教育部局と家庭との連携が重要であるとされています（第二部第3章第1節参照）。医療機関との連携については，当該児童等の発達の遅れや偏りに対する診断や診療等があげられます。診断が必要と思われる場合などは，管理職や養護教諭，特別支援教育コーディネーター，SC 等が中心となって組織的に支援の方針を協議しつつ，保護者との関係を構築して医療機関につなげることが考えられます。また，すでに診断を受けている場合などは，保護者の同意の下で医療機関（主治医等）と情報共有を行い，児童等の特性に応じた指導について検討することができます。

また，近年，学校における医療的ケアの必要な子供が増加しており，学校種を問わず対応の充

実が求められています。医療的ケアの実施にあたっては，当該児が在籍する学校，設置者である教育委員会，医療行為の責任を負う主治医や医療的ケア看護職員，子の教育について第一義的な責任を負う保護者などが役割分担を明確にしたうえで責任を果たすことが必要です。学校長の管理下において，担任，養護教諭，関係する医師，看護師などがチームを編成し，一丸となって学校における医療的ケアの実施体制を構築することが重要となります。今後に向けて，文部科学省の「新しい時代の特別支援教育の在り方に関する有識者会議（報告）」では，学校看護師の配置を法令上位置づけることや，例えば中学校区に医療的ケアの実施拠点校を設けるなどして，地域の学校における医療的ケア児の支援体制を検討する必要性についても述べられています。医療的ケアについては，Lecture12，Practice12において取り上げています。

　さらに，医療の発達に伴い，子供の入院期間が短期化するとともに短い入院を頻頻に行うことが生じています。慢性疾患，難病等を有する子供が入院前に在籍していた小・中学校等と入院時に在籍する特別支援学校等の間で切れ目ない学びとなるよう，医療機関との協働に加えて学校間の連携が従来以上に重要となっています。院内学級に関してはLecture13，Practice13で取り上げます。なお，特別支援学校は上記以外にも専門職との日常的な協働を行っており，Lecture10，Practice10において取り上げます。

3．教員養成と現職研修との連続性

　「チーム学校」の一員として，教師は教員養成段階から現職教育段階を通じて学び続けることが求められます。各段階で身につけるべきこと，その連続性について整理しましょう。

　吉崎（1988）は，授業に関する教授知識を図2-4のように示しています。基本的な知識領域として「教材内容に関する知識」，「児童生徒に関する知識」，「教授方法に関する知識」を挙げ，各領域が重なる部分アからエで構成します。基本的な知識領域は，主として教員養成段階で「学ぶ立場」から修得すべきものであり，複層化するアからエまでは，教育現場において多様な教育的ニーズのある子供との出会いによって，教師が実践的な試行の中で「教える立場」になって修得する領域であると示されています。安藤（2021）は，特に自立活動は，教材内容に関してあらか

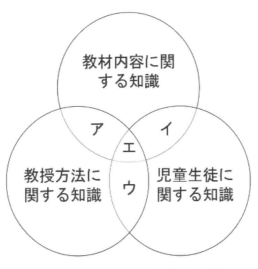

図2-4　授業についての教師の知識領域

（吉崎，1988を一部改変）

じめ確定されておらず，対象児童等も多様化していることなどから，授業のデザイン段階で選定された指導目標や指導内容等が児童等の実態と乖離していないか，試行的な授業を通して検証することが重要であると指摘しています。

　また，社会の変化や技術革新に対応し，教師としての資質能力を継続的に高めることが求められている中にあって，教員養成大学・学部や教職大学院においては，多様な教職員集団の中で中核となる高度専門職業人としての教師を養成することだけでなく，「理論と実践の往還」という観点からも教育実践研究や学校現場，地方教育行政等との協働が求められています（文部科学省，2022a）。大学との協働については，Lecture11，Practice11 において取り上げています。

　協働する相手や内容が多岐にわたる今日，改めて教師の役割を見つめることが求められているといえます。教職キャリアを通じた教師の成長について，具体的な実践等を通してともに考えを深めていきましょう。

[注]
*1　学校組織は，成員が独自性と分離性を有する構造であり，成員間のつながりがゆるやかな疎結合組織（loosely coupled system）である特徴をもっているといわれています（安藤，2021）。

*2　学校教育法施行規則第44条によると，小学校には，教務主任及び学年主任を置くことが規定されています（中学校，義務教育学校，高等学校，中等教育学校，特別支援学校にも準用）。校長の監督を受け，教務主任は教育計画の立案や教務に関する事項についての連絡調整及び指導，助言，学年主任は当該学年の教育活動に関する事項についての連絡調整及び指導，助言にあたる役割を担っています。また，教務主任，学年主任，保健主事（必置），研修主事及び事務主任の他に，必要に応じて校務を分担する主任等を置くことができます。

*3　主幹教諭は，「校長及び教頭を助け，命を受けて校務の一部を整理し，並びに児童の教育をつかさどる」職として，平成19年に制度化されました。職務内容として，学校を一つのチームとして機能させるため，全体をマネジメントする管理職と教職員，専門スタッフとの間に立って意識の共有を図ることが求められており，具体的には学校運営の企画及び調整に関する校務や教職員の指導・育成等が挙げられています（文部科学省，2015）。

*4　1980年代から90年代前半の教師教育に関する英語文献に頻出したcollegialityの訳語として広く使用されるようになりました。欧米では個人主義的教師像への反省から，勤務校での同僚間の連携の重要性が指摘されるに至り，勤務校を基盤としたschool basedの現職教育として提起した革新的な用語として用いられました。

*5　文部科学省の「学校組織マネジメント研修」（平成17年2月）によると，「中堅教職員」であり，学校に期待される目的・目標を達成するための学校のキーパーソンであるとされています。

*6　教育公務員特例法第24条に位置付けられ，公立の小・中学校等の教諭等が対象となります。教育活動，その他の学校運営の円滑かつ効果的な実施において，中核的役割を果たすことが期待される中堅教諭等としての職務を遂行する上で必要とされる資質の向上を図ることが目的とされています。

*7　教育公務員特例法の一部改正（平成28年法律第87号）により，各地域において教育委員会と大学等との協働により教員育成指標（校長及び教員としての資質の向上に関する指標）及び教員研修計画を定める仕組みが創設されました。

*8　教育振興基本計画は，2006年に全面改正された教育基本法に基づき，政府が策定する教育に関する総合計画のことを指します。5年間の国の教育政策全体の方向性や目標，施策などを定めています。第3期は2018年6月15日に閣議決定され，計画期間は2018〜2022年度でした。なお，2023年5月16日の閣議決定において，第4期教育振興基本計画が策定されました（2023〜2028年度）。

[文献]
安藤隆男（2021）新たな時代における自立活動の創成と展開−個別の指導計画システムの構築を通して−．教育出版．

橋本修（2015）課題解決に向けた都立特別支援学校の組織運営に関する研究−職層を活かした人材育成の視点を含めて−．帝京大学大学院教職研究科年報，6, 51-152.

一木薫（2021）特別支援教育のカリキュラム・マネジメント：段階ごとに構築する実践ガイド．慶應義塾大学出版会．

今津孝次郎（2017）新版変動社会の教師教育．名古屋大学出版会．

紅林伸幸（2007）協働の同僚性としての《チーム》−学校臨床社会学から−．教育学研究，74(2), 174-188.

文部科学省(2015)チームとしての学校の在り方と今後の改善方策について(答申). 平成27年12月21日. 中央教育審議会.

文部科学省(2017)児童生徒の教育相談の充実について〜学校の教育力を高める組織的な教育相談体制づくり〜(報告). 平成29年1月, 教育相談等に関する調査研究協力者会議.

文部科学省(2022a)「令和の日本型学校教育」を担う教師の養成・採用・研修等の在り方について〜「新たな教師の学びの姿」の実現と, 多様な専門性を有する質の高い教職員集団の形成〜(答申). 令和4年12月19日, 中央教育審議会.

文部科学省(2022b) 生徒指導提要. 令和4年12月改訂.

奥田裕幸・安藤隆男(2018) 肢体不自由特別支援学校における同僚性構築に対する分掌主任等教員の認識と取組. 筑波大学特別支援教育研究, 12, 23-32.

佐古秀一(2006) 学校組織の個業化が教育活動に及ぼす影響とその変革方略に関する実証的研究−個業化, 協働化, 統制化の比較を通して. 鳴門教育大学研究紀要, 21, 41-54.

佐古秀一・住田隆之(2014) 学校組織開発理論にもとづく教育活動の組織的改善に関する実践研究. 鳴門教育大学学校教育研究紀要, 28, 145-154.

内海友加利(2023) 肢体不自由特別支援学校教師の初任期における成長過程:自立活動の指導における専門性に着目して. 東京学芸大学論叢, 1, 33-42.

吉崎静夫(1988) 授業研究と教師教育(1)−教師の知識研究を媒介として−. 教育方法学研究, 13, 11-17.

吉崎静夫(1997) デザイナーとしての教師アクターとしての教師. 金子書房.

第2節 校内体制・組織（チーム）として取り組む専門性の担保のための実践

Lecture 7 特別支援学校における若手教師の育成に関する現状と課題

1. 若手教師の育成におけるメンタリング機能の重要性

　近年の学校における教師の年齢構成は，団塊世代の大量退職などに伴う採用者数の増加により，教職経験年数5年未満の若手教師の割合が高く，経験年数が11年～15年のいわゆるミドルリーダークラスの教師の2倍以上となる状況が報告されています（文部科学省，2015）。このことも影響して，先輩教師から若手教師への知識・技能の伝達と，若手教師がもつ知識・技能をどのように生かすかを含め，研修の環境整備などの早急な対策の必要性が指摘されています。特別支援学校においても同様に若手教師の占める割合は高く，多様化・複雑化した学校教育の諸課題に対応するため，その専門性を涵養する現職研修が大きな役割を果たしています。

　教師に対する研修には様々な形態が用意されていますが，授業を核とする教育活動の課題に対し直接的に研鑽を積むことができる校内研修は，若手教師の成長を支えるうえで必要不可欠といえます。初任者研修において，文部科学省は「年間研修項目例」を示しており，その中に「授業参観」や「授業研究」が位置づけられています。特別支援学校の初任者研修には，自立活動に関わる授業研究等が明記されています。初任者研修の授業研究が教師としての成長に影響を与えたという教師の語りも認められており（例えば，内海，2023），若手教師の成長において授業研究における工夫が重要であると考えられます。また，初任教師は，初任者指導教員のもとで研鑽を積むほか（教育公務員特例法第23条），初任期の教師達は同僚を中心とする先輩教師から学びを得ていることも多く（内海，2023），メンタリング機能に基づく協働的な研修機会が重要であると考えられます。

2. 自立活動の指導における個別指導場面の位置づけ

　自立活動の指導は，教科指導とは異なりあらかじめ指導目標や指導内容は決まっていません。そのため，自立活動の指導では，個別の指導計画として，児童等一人一人の実態を把握しながら，指導すべき課題を明確にし，指導目標及び指導内容を設定することが各学校に義務づけられています。この過程は授業の計画段階を重視する自立活動の領域の本質に関わるものであり，授業の実施段階に接続されることになります。個別の指導計画の作成手続きは各学校により異なりますが，従来から複数教師によって個別の指導計画が作成されてきた現状があります。

　これに対して，授業の実施段階では，担当教師個人に指導が委ねられることとなります。自立

活動の特性を踏まえると，集団指導の形態を前提とするのではなく，児童等一人一人のニーズに向き合うため，個別指導の形態もとられています。個別指導とは，教師が1人で1名または数名の児童等の指導にあたるものです。

　例えば，肢体不自由特別支援学校には，身体の動きに係る自立活動の時間における指導の形態として個別指導があります。児童等の個別の教育的ニーズに応える指導形態として，身体の動きに係る個別指導が広く採用されてきました。身体の動きに係る個別指導を担当する教師，特に指導経験が少ない若手教師にあっては，計画段階で複数の教師で作業し設定した指導目標及び指導内容を，実施段階において1人で指導の手立てや方法などとして具体化することに対する不安感を抱えながら，孤独な状況下で授業を展開することが想定されます。

　ところで，特別支援学校等においては，自立活動の個別指導場面でどのような指導が展開されているのでしょうか。肢体不自由特別支援学校の自立活動の指導においては，従来から教師が理論や技法を活用しながら指導してきたことが知られています（中井・高野，2011）。北川・内海・安藤（2023）が全国の肢体不自由特別支援学校に対して行った調査結果によると，身体の動きに係る自立活動の指導において，理論・技法を活用していると回答した教師は全体の47.2％であり，活用している理論や技法については表2-1のような結果が得られました。

表2-1　活用されている理論・技法（一部抜粋）

理論・技法の名称	割合（％）
動作法	69.6
静的弛緩誘導法	41.5
摂食訓練	40.6
理学療法	13.0

（北川・内海・安藤，2023をもとに筆者作成）

　なお，これらの理論・技法は，医学，運動学，心理学など多様な理論的背景を有するものであり，必ずしも教育の営みである自立活動の指導を想定したものではありません。そのため，参考にする際は自立活動の指導に適合するように工夫して応用することが大切です。理論・技法を獲得しているかどうかによって，授業における教師の意思決定（Lecture3参照）に違いがあるという結果も示されています（北川・内海・安藤，2020）。理論・技法の活用も含め，教師の授業力形成に向けた実践及び研究の蓄積が求められています。

［文献］
北川貴章・内海友加利・安藤隆男（2020）自立活動の個別指導場面における若手教師の意思決定プロセスの分析−動作法の習熟度に着目して−. 障害科学研究，44，149-159.
北川貴章・内海友加利・安藤隆男（2023）自立活動の個別指導における特別支援学校（肢体不自由）教師の意思決定に関わる構造と関連要因−身体の動きに関する指導に着目して−. 特殊教育学研究，61（2），67-76.
文部科学省（2015）これからの学校教育を担う教員の資質能力の向上について〜学び合い，高め合う教員育成コミュニティの構築に向けて〜（答申）. 中央教育審議会，平成27年12月21日.
中井滋・高野清（2011）特別支援学校（肢体不自由）における自立活動の現状と課題（1）. 宮城教育大学紀要，46，173-183.
内海友加利（2023）肢体不自由特別支援学校教師の初任期における成長過程の検討−自立活動の指導における専門性に着目して−. 東京学芸大学論叢，1，33-42.

Practice 7 特別支援学校における若手教師の育成に向けた授業研究の協働

事例ガイド

どこで	誰と	何について
肢体不自由／特別支援学校	同僚教師	授業研究

 ここがポイント！

- 教師の意思決定研究に基づいた自立活動の個別指導場面の授業研究を行い，授業の計画段階と実施段階で生じたズレに着目しながら授業改善を行うことができました。
- 授業研究に取り組んだ若手教師は，ベテラン教師の助言を踏まえながら，子供の身体の状態に合わせて柔軟に対応する指導方法を身に付けることができました。

《関係する事例》Practice 3, 4, 6

対象校・児童生徒の実態

- A県B肢体不自由特別支援学校（以下，B校）を対象としました。A県では，自立活動の指導において，理学療法士や作業療法士などの外部専門家から指導・助言を定期的に受けることを可能にする施策は導入していません（本実践当時）。
- 対象教師C（以下，教師C）は，特別支援学校での教職経験6.5年目の教師で，前任校は知的障害特別支援学校に勤務しており，肢体不自由特別支援学校での勤務が初めてです。
- 対象児童D（以下，児童D）は，脳性まひのアテトーゼ型[*1]で，医療的ケアを必要とする児童です。腰を支えると座位や立位の保持は可能です。

1．なぜこのような取組みに至ったのか

　教師Ｃは，担任する児童Ｄの自立活動の身体の動きを中心とした指導を振り返ったときに，児童の身体の動きに対して対応しきれないときがあり，指導力量を高めたいという意欲がありました。しかし，身体の動きの指導の参考になる特定の理論や技法は身に付けていませんでした。校内の専門的な知識や技能を有する教師や外部専門家への相談も日常的に行うことが難しく，どのように自己の指導力を高めながら授業改善を行っていけばよいか悩んでいました。

　そこで，吉崎（1991）の意思決定研究[*2]に基づき筆者が考案している授業研究モデルを用いて授業改善を試みることにしました。

2．授業内容

（1）対象児童Ｄの個別の指導計画

　児童Ｄの個別の指導計画は，関係する複数の教師が参画しながら作成し，次のような中心的な課題や目標が設定されていました。

【中心的な課題】

　あぐら座で腰を立てた状態で保ったり，腰を曲げた状態から伸ばしたりすることができる。

【自立活動の指導目標】

　指示された身体の部位に力を入れたり，抜いたりすることができる。

（2）指導目標・指導内容

　個別の指導計画に掲げた指導目標を踏まえ，教師Ｃは，自身が担当する自立活動の個別指導の授業をデザインして，次のような指導目標や指導内容を設定して行いました。

【本時の指導目標】

　●リラクゼーションを受け入れ，身体の筋緊張をゆるめることができる。

　●あぐら座で腰を動かそうとすることができる。

【本時の授業展開】

展　開	指導内容
導入	あいさつ
展開① （30分）	ゆるめの課題 バランスボール（腹臥位） 股・腰のゆるめ（仰臥位） 体幹のひねり（側臥位）
展開② （15分）	動きの課題 股・腰まわり（あぐら座） 腰の上げ下ろし（あぐら座）
まとめ	振り返りとあいさつ

＊1　脳性まひは，運動障害の状況によっていくつかの型に分類されます。そのうち，アテトーゼ型の特徴は，本人の意思に反して不随意運動が生じたり，筋緊張がたかまったりします。

＊2　意思決定研究については，Lecture3を参照。
吉崎静夫（1991）教師の意思決定と授業研究.ぎょうせい.

3．実施した内容

（1）授業研究プログラム

　教師は，指導をしながら子供の身体の状態，教師の働きかけに対する反応や学習に取り組む意欲等を読み取りながら，授業を実施する前に計画した指導目標や指導内容通り進めるか，変更するかなど意思決定しながら授業を展開していきます。授業研究プログラムは，自立活動の「身体の動き」を中心にした個別指導場面の指導を想定して開発しています。授業の計画段階と実施段階とのズレに着目して行うものですが，授業中に生じたズレに対して，授業中に解決できなかった点にベテラン教師が介入して，若手教師が児童等の身体の状態などに合わせて指導を修正・変更するなどの意思決定を促進させることを目指したプログラムです。なお，本事例においては，学校長の了解を得て，ベテラン教師役として筆者が担って展開しました。

【STEP1】

　対象教師が子供と1対1で行う，自立活動の「身体の動き」を中心に取り扱う授業1コマ分の指導計画を作成し，指導計画に基づいて授業1回目を実施する。授業場面をビデオ撮影し，ベテラン教師が授業を参観することが難しい場合は，記録映像で確認する。

【STEP2】

　STEP1の1回目の授業後に，ベテラン教師同席のもと，映像記録を見ながら対象教師が授業を振り返り，授業を実施する中で，作成した指導デザインの内容等とのズレが生じ，意思決定に迷った場面を抽出する。

【STEP3】

　STEP2で抽出された場面のうち，若手教師のスキルや気づき等を踏まえて，ベテラン教師が介入場面を検討する。

【STEP4】

　授業2回目を実施し，STEP3で検討した介入場面にベテラン教師が直接介入し，指導・助言を行いながら若手教師の意思決定をサポートする。

【STEP5】

　授業3回目を実施し，STEP4で得た指導・助言を踏まえベテラン教師の介入無しで，若手教師が一人で授業を展開し意思決定の状況を検証する。授業場面をビデオ撮影し，ベテラン教師が授業を参観することが難しい場合は，記録映像で確認する。

（2）授業研究の状況

　上記の授業研究プログラムに基づいて実施したところ，以下のような結果が得られました。

【STEP1】

　授業を振り返り，計画段階と実施段階のズレを授業実施後に確認する必要があるため，本時の指導目標と指導内容がわかるようにするために，指導略案を作成してから授業を行いました。

【STEP2】

　記憶が曖昧にならないようにするために，STEP1の授業日の放課後にビデオを視聴しながら，計画段階と実施段階との間にズレが生じたと思う場面や，指導中に迷ったところをあげていきました。ここでは，若手教師の気づきからベテラン教師の介入ポイントを探すため，ベテラン教師の方でズレが生じていると感じた場面は，安全面に影響しない限り取り上げないようにしました。

【STEP3】

　ここでは，教師Cからあがってきたバランスボールを利用した弛緩の学習と，あぐら座位で腰を動かす学習の2つの場面を取り上げることにしました。

　腹臥位で児童Dがバランスボールにのり，揺れるバランスボールの振動を利用しながら筋緊張を抜こうと教師Cは試みていました。しかし，児童Dは上下に揺れるバランスボールに身を委ねるような様子ではなく，徐々に上肢下肢が過伸展状態になり，指導のねらいとは真逆の様子となり，教師Cもどのように対応するか迷っていました。

　あぐら座姿勢で腰を動かす取組みでは，腰を起こすように教師Cが児童Dの腰に手を当てて動かす方向に誘導すると背中が反りすぎてしまい，腰の動きをどのように誘導すればよいか悩んでいました。

【STEP4】

　STEP2及びSTEP3であげた場面に，実際に介入して対応方法を確認しました。

①介入場面：バランスボールを利用した弛緩学習

　バランスボールを利用した弛緩学習において，教師Cはバランスボールの揺れを利用して力を抜かせようとすることから，バランスボールを上下に動かすことに注力していました（図2-5）。そこで，力を抜くためには，揺らして抜くという発想ではなく，バランスボールのカーブを利用して児童Dが屈曲姿勢をとりやすくし，上下の揺らしは軽くしながら，図2-6のように腰を境にして頭部方向と下肢方向に誘導しながら体幹部分を伸展するように誘導するよう提案しました。ベテラン教師が実際に手技を披露するだけではなく，教師Cが実際に取り組むときにベテラン教師が若手教師の手の上に添えながら，誘導のタイミングや方向，力加減などを直接伝えました。

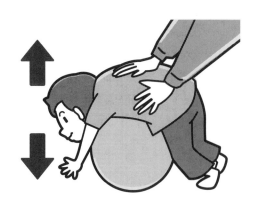

図2-5　STEP1: 1回目の授業時の教師Cの誘導

図2-6　STEP4: 2回目の授業時にベテラン教師
から若手教師に伝えた誘導ポイント

②介入場面：あぐら座位での腰の動きの学習

　あぐら座では，教師Cは腰を起こす動きを誘導しているイメージで
関わっていましたが，押し込みすぎて背中の反りを助長していました（図
2-7）。そこで，腰の動きを誘導するときには，教師の手首が尺屈しすぎ
ないよう，図2-8のようにスライドするようなイメージで誘導すること
を提案しました。微妙な手触りの感覚を言葉だけで伝えるのは難しいた
め，ベテラン教師が手技を披露した後に，教師Cが行うときには，ベ
テラン教師が手を添えながら誘導する方向や背中に反りが出る前で止め
るなどのタイミングや手触り感を直接伝えました。

図2-7　STEP1: 1回目の授業時の教師Cの誘導

**図2-8　STEP4: 2回目の授業時にベテラン教師
から若手教師に伝えた誘導ポイント**

【STEP5】

　STEP4でベテラン教師から受けた指導・助言を踏まえ，1人で授業を展開し，これまで児童の身体の状態に合わせて柔軟に対応できていなかった2場面については，教師Cが1人で対応することができました。

　授業後に教師Cに本プログラムで取り組んだ成果を確認すると，「自分がわかることとわからないことを整理でき，今後の自己の課題に気づくことができた。」「運動・動作や姿勢保持に必要な身体部位間の関係性を理解するとともに子供の身体の状態を再確認しながら，指導内容や指導方法を確認して，子供の身体がゆるむ手応え等を実感できた。」などの語りを得ることができました。

次の一歩

　本事例は1サイクルしか行うことができませんでしたが，その後も教師Cは関係文献などを読むなどしながら，自己の専門性を高めるよう自己研鑽を積んでいました。

　読者の皆さんにおいては，本事例の手続きを参考にして，まずは自己の授業場面をビデオで記録を撮りながら，放課後に自己の指導を振り返ってみるのはいかがでしょうか。俯瞰して自己の実践を見つめることで，今まで気づいていなかったことや，新たなる課題などを発見するなどして，授業改善につなげることができます。また，授業改善にあたり自己の力量に不足している部分があれば，自己研修で取り組むべきことが明確になるなどの成果も期待できるかと思います。

※本研究は，JSPS科研費JP18K02806の助成を受けたものです。

小学校等における
特別支援教育の校内体制充実に向けて

インクルーシブ教育の充実に向けて，地域の小学校等における特別支援教育の体制整備は必要不可欠です。小学校等においては，具体的にどのような体制が構築されてきたのか，概説します。また，特別支援教育の体制の充実を図るための特別支援教育コーディネーターの役割について確認していきます。

1. 特別支援教育体制整備状況の概要

文部科学省は，特別支援教育制度転換期以降，国公私立幼保連携型認定こども園，幼稚園（幼稚園型認定こども園を含む），小学校，中学校，義務教育学校，高等学校（通信制，専攻科は除く）及び中等教育学校を対象に「特別支援教育体制整備状況調査」を実施しています。主な調査事項は，①校内委員会の設置，②発達障害を含む障害のある児童等の実態把握，③特別支援教育コーディネーターの指名，④個別の指導計画，⑤個別の教育支援計画の作成です。

特別支援教育の体制整備がどのように変化したのか，特別支援教育制度が施行された 2007 年度と 10 年後の 2017 年度の公立小学校のデータを比較しました（図 2-9）。

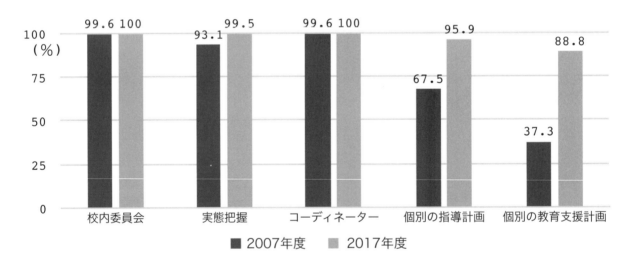

図 2-9　公立小学校特別支援教育体制整備状況の経年比較

（文部科学省，2018 をもとに筆者作成）

校内委員会の設置や特別支援教育コーディネーターの指名に関しては，2007 年度時点からほとんどの学校で整備されていた一方で，個別の指導計画や個別の教育支援計画の作成に関しては，2007 年度時点は高い割合とはいえず，今日まで時間をかけて整備されてきたことがうかがえます。

さらに，全学校種における最新の調査結果から，個別の指導計画及び個別の教育支援計画の作成状況を以下に示しました（表 2-2）。

表2-2　2022年度調査における個別の指導計画・個別の教育支援計画作成状況

	特別支援学級に在籍する児童生徒	通級による指導を受けている児童生徒	通常の学級に在籍する幼児児童生徒(※1)	個別の指導計画・個別の教育支援計画の作成を必要とする幼児児童生徒(※2)
個別の指導計画	99.6%	98.2%	86.0%	93.7%
個別の教育支援計画	99.2%	95.2%	79.5%	91.6%

（文部科学省，2023より転載）

※1：通常の学級に在籍する幼児児童生徒（通級による指導を受けている児童生徒を除く）で，学校等が個別の指導計画，個別の教育支援計画を作成する必要があると判断した者。

※2：個別の指導計画，個別の教育支援計画の作成を必要とする幼児児童生徒とは，特別支援学級に在籍する児童生徒，通級による指導を受けている児童生徒及び通常の学級に在籍する幼児児童生徒（通級による指導を受けている児童生徒を除く）で，学校等が個別の指導計画，個別の教育支援計画を作成する必要があると判断した者の計。

　特別支援学級や通級による指導を受けている児童等に対する作成状況は，どちらも95％を超える高い割合であることに加え，通常の学級に在籍する児童等で，学校等が個別の指導計画，個別の教育支援計画を作成する必要があると判断した者のうち，個別の指導計画が作成されている割合は86.0％，個別の教育支援計画が作成されている割合は79.5％となっています。この調査結果から，小学校等において個別の指導計画や個別の教育支援計画の作成対象が量的に拡大していることがわかります。今後は，作成された各種計画を見直すとともに，教育実践の蓄積が求められる段階にあると考えられます。

2．特別支援教育コーディネーターの役割

　特別支援教育体制をより充実させるために，特別支援教育コーディネーターを十分に機能させていくことが求められます。特別支援教育コーディネーターは，学校内の関係者や外部の関係機関との連絡調整役，保護者に対する相談窓口，担任への支援，校内委員会の運営や推進役といった役割を担っています。小学校等における特別支援学級に在籍する子どもや通級による指導を受ける子供の増加に伴い，特別支援教育を初めて担当する教師も少なくない状況にあり，これらの教師に対する支援ニーズが高いことが想定できます。Practice8の事例でも取り組まれているように，個別の指導計画の作成などを通して子どもの指導について一緒に考える機会をつくることで，チームとして成長できると考えられます。

[文献]
文部科学省（2018）平成29年度特別支援教育体制整備状況調査結果について.
文部科学省（2023）令和4年度特別支援教育に関する調査結果について.

Practice 8 小学校における校内体制整備に向けた協働

事例ガイド

時間割						
	月	火	水	木	金	土
1	国語	算数	理科	社会	体育	道徳
2	算数	理科	国語	算数	社会	学級
3	図工	国語	算数	英語	理科	自活
4	図工	英語	自活	音楽	国語	
5	体育	音楽	生活	国語	算数	
6			クラブ			

どこで 知的障害／特別支援学級（小学校）

誰と 特別支援学級（知的障害）担任，特別支援教育コーディネーター，大学院生

何について 特別支援学級の教育課程の整備

ここがポイント！

- 特別支援教育コーディネーターと大学院生が，「個別の指導計画システム」（安藤，2021）[1]を導入した実践を行いました。その結果，特別支援学級教師は，診断的評価→形成的評価→総括的評価という思考の流れで，授業改善をすることができたと推察されました。
- 特別支援学級教師は，「教育課程は変えることができる」という意識をもつことができ，自立活動の年間指導計画の内容を変えることができました。

《関係する事例》Practice 1, 2, 3, 11

対象校・児童生徒の実態

- A県のM市にある小学校（以下，E小学校）を対象としました。E小学校は，およそ300人規模の小学校であり，通常の学級，通級指導教室が2教室，特別支援学級が5学級設置され，多様な学びの場が用意されていました。
- E小学校の特別支援教育コーディネーターは，通級指導教室の担当でもあり，以前から自身の教室を中心に安藤（2021）の個別の指導計画システムを取り入れた学校体制づくりを少しずつ行っていました。しかし，特別支援学級では，まだまだ個別の指導計画システムを基盤とした学校体制づくりができていない状況でした。
- E小学校では，F大学教職大学院の学校実習として大学院生を受け入れていました。大学院生は，特別支援教育を専攻しており，「個別の指導計画システム」について研究していました。今回の取組みはその一環として，E小学校とF大学教職大学院との共同研究により実施しました。

1．なぜこのような取組みに至ったのか

　国立特別支援教育総合研究所（2012）[*2] が行った調査では，個別の指導計画の評価が教育課程の改善に「活用されていない」と回答した学校が，回答校849校のうちほぼ半数を占め，その理由として「個別の評価を教育課程改善に活かすシステムがない」ことが最も多くあげられました。E小学校の特別支援学級においても，個別の指導計画の評価が教育課程の改善に活用されていない現状があり，特別支援学級教師は，教育課程を改善できるという意識をもてない状況でした。

　そこで，特別支援教育コーディネーターと大学院生は，「個別の指導計画システム」を取り入れ，指導の評価に基づいて即自的に自立活動の指導目標や内容を設定することで，特別支援学級教師が教育課程を改善することができるという意識をもつことができるかを，実証的に明らかにしていきたいと考えました。

2．チーム構成の詳細や工夫点
（1）対象者の概要

　個別の指導計画作成の対象児童は，知的障害を伴う5年生男子児童1名（以下，A児）でした。個別の指導計画を実施する教師は，特別支援学級教師（特別支援教育経験3年，1名；以下，B）特別支援教育コーディネーター（特別支援教育経験17年,1名；以下，C）教職大学院の学校実習で特別支援学級の支援に入る大学院生（特別支援教育経験20年，1名；以下，D）でした。

　なお，現場の状況に合わせて実施したため，Cは授業の計画段階から参加し，Dは授業に補助的に参加しながら研究を行いました。

（2）研究の視点と方法論

　授業の合間や放課後等の打ち合わせ等で，教育課程について語ったBの語りを，CとDが逐語録に起こし，個別の指導計画と授業の接続（安藤,2021）の診断的評価,形成的評価,総括的評価を参考にして分析しました。

3．実施した内容
（1）研究の手続き

　安藤（2021）の個別の指導計画と授業との接続（図2-10）を参考にした,教育課程と個別の指導計画のつながりを明確にした授業のPDCAとカリキュラムのPDCAを連結させるカリキュラム・マネジメントの仕組みを取り入れました。具体的には，以下の手続きで実施しました。

① 　Cが前担任に呼びかけ，「個別の指導計画システム」で，A児の個別の指導計画を作成しました。【診断的評価】
② 　個別の指導計画をもとに，保護者，管理職，教育委員会と相談し，

＊1　安藤隆男（2021）新たな時代における自立活動の創成と展開−個別の指導計画システムの構築を通して.教育出版.（Lecture1参照）

＊2　国立特別支援総合研究所（2012）特別支援学校における新学習指導要領に基づいた教育課程編成の在り方に関する実際的研究.

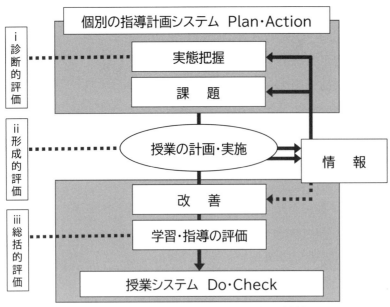

図2-10 個別の指導計画と授業の接続

（安藤，2021 より転載）

教育課程を編成し，基礎的環境整備を行いました。

（ここまでを前年度3月までに行いました。）

※以下は，B・C・Dが行いました。

③ 4月～7月：試行的授業を行いました。

④ 7月：個別の指導計画の評価を行いました。【形成的評価】

⑤ 8月：実態把握図に実態をフィードバックし，個別の指導計画の作成・教育課程の見直しを行いました。【診断的評価・総括的評価】

⑥ 9月～12月：見直した個別の指導計画をもとに試行的授業を行いました。

⑦ 12月：個別の指導計画の評価を行いました。【形成的評価】

⑧ 1月：実態把握図に実態をフィードバックし，個別の指導計画の作成・教育課程の見直しを行いました。【診断的評価・総括的評価】

⑨ 1月～3月：見直した個別の指導計画をもとに，試行的授業を行いました。

⑩ 3月：個別の指導計画の評価を行いました。【形成的評価】

⑪ 3月：実態把握図に実態をフィードバックし，次年度の指導計画の作成・教育課程の見直しを行いました。【診断的評価・総括的評価】

⑫ 管理職に対して，次年度の教育課程の改善点について説明し，同意を得ることができました。

（2）作成した個別の指導計画の内容

前年度3月以前のA児の自立活動の目標は，「四肢の粗大運動・微細運動に関わる機能を高め，日常生活に必要な基本動作を身に付ける。（身体の動き）」「相手の方向に顔を向けて話したり，進んで他者と関わろう

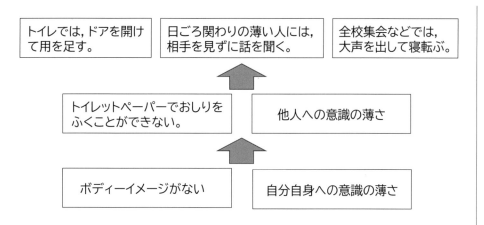

図2-11　A児の課題の抽出

としたりする。（人間関係の形成，コミュニケーション）」でした。そして，教科の学習内容は，下学年の内容を取り入れながらも当該学年の学習を進めていました。しかし，A児はいつも担任や支援員がついていなければ，学校の中でも1人で行動することができない状況でした。

　そこで，Cと前担任は，前年度の3月に実態把握図*3を作成し，A児の課題を抽出してみました（図2-11）。すると，「ボディーイメージがない」と「自分自身への意識の薄さ」が「トイレットペーパーでおしりをふくことができない」ことや「他人への意識の薄さ」に影響して「トイレでは，ドアを開けて用をたす」「日ごろ関わりの薄い人には，相手を見ずに話を聞く」「全校集会などでは，大声を出して寝転ぶ」などの問題行動を引き起こしているのではないかと考えられました。課題を抽出した後，自立活動の目標を「自分の身体への意識を高め，日常生活に必要な基本動作を身に付ける。（身体の動き，環境の把握）」に変え，教科の学習内容を特別支援学校の2段階から小学校1，2年生までの内容に変えました。そして，Cは，A児の個別の指導計画をもとに管理職と話し合い，①1時間目に体育，2時間目に算数，3時間目に国語，4時間目に自立活動というようにA児が見通しをもって生活しやすい時間割の整備，②A児のいるクラスでは必ず2〜3人で指導できるような人員の配置，③A児が交流学級に1人でも行きやすいような教室の配置などの基礎的環境整備を行いました。

　A児の個別の指導計画を引き継いだBは，試行的授業を行い，授業で見られたA児の姿を，Cと一緒に実態把握図にフィードバックしてみました。すると，A児のボディーイメージや自分自身への意識の薄さが学校生活全体に影響を及ぼししていることがより明確に見えてきました。

　そこで，Bは，自立活動の時間に，A児に対してボディーイメージを高めるような指導を多く取り入れました。すると，A児は，体の部位の名称と場所が一致するようになったり，背中やおしりを手で触ることが

*3　Lecture1 参照

できるようになったりして，自分の体のイメージをもつことができるようになりました。さらに，教師に質問したり，友達の意見を聞き比べるようになったりして，コミュニケーションの面においても成長が見られ，全校集会で大声を出して寝転ぶことやトイレのドアを開けて用を足すこともなくなり，学校内であれば1人で行動することができるようになってきました。

4．結果と考察
（1）Bの語りの分析例
【スキー授業の見直しについて】

　「A児は，歩くときにかかとがつかなかったりするし，それが履くものが変わったらどんなふうになるかなって考えました。」*4

　「インストラクターの人がマンツーマンで"止まるよ，ハの字だよ"って言うんですけど，A児はできることもなくずうっとやっていて。でもまあ，インストラクターは，"(A児が)リフト1本乗れて楽しそうでした"って言ってたんです。だいぶ長い時間をかけていて。それを見ていて，私は，これって長い目で見たときに今日のこの時間って何だったんだろうと，やっぱり思ったんですよね。」*5

　「スキー授業に参加してみて，A児にとって本当にスキー授業は必要かなと疑問に感じました。もしかしたら，スノーシューや雪遊びのほうがA児は楽しめるのではないかなと思いました。」

　「青少年自然の家の深雪体験の研修に行ったときに，四つ這いになって坂を上って四肢を使ったりするし，スノーシューを履いていると周りの景色とか楽しむことができたりするし，雪を手で触ることもできるし，そっちのほうがなんかこう，体験がすごくできるなあって思ったんですよ。そういうふうに雪を体験したほうが，いいのかなあって思って，次年度の自立活動の年間指導計画に，深雪体験を入れてみました。」

さらに，Bは，「今まで1人で個別の指導計画を作ることが多かったけれど，CとDが一緒に個別の指導計画を作ってくれたので，目標に自信がもてて，安心して指導ができました。」*6

　以上のような診断的評価，形成的評価，総括的評価の語りを得ることができました。

（2）協働したことによるBの変化

　Bの変化として，以下の3つが考えられました。

　1点目は，CとDが，「個別の指導計画システム」に基づいた形成的評価によって得られた実態情報を実態把握図にフィードバックしたことが，Bの診断的評価→形成的評価→総括的評価という思考の流れを生み，Bが授業を改善することができたのではないかと推察されました。

*4　診断的評価の語り

*5　形成的評価の語り

*6　総括的評価の語り

　2点目は，Bが，次年度の自立活動の年間指導計画に四つ這いになって雪を楽しむような深雪体験を位置づけていたことから，「個別の指導計画システム」を導入することで，Bは教育課程を変えることができるという意識をもつことができるようになったと考えられました。

　3点目は，Bが，CやDと一緒に個別の指導計画の立案から実践までを一緒に行ったことで，目標に自信をもち安心して指導することができたのではないかと推察されました。ここに，協働のよさが発揮されたのではないかと考えられました。

（3）課題

　A児が在籍するクラスには，他にも4名の児童がいます。他の4名の児童の実態把握図も作成し，課題を明らかにして目標を設定し，できるだけ個に応じた教育課程を整備していきたいと考えます。しかし，指導者をどのように確保していくのか，教材備品をいかにそろえていくのかなどの，基礎的環境整備[7]の難しさが浮上してきました。

*7　第二部第3章第1節参照。

次の一歩

　「個別の指導計画システム」の実践を行ったことで，Bは「他児童も実態把握図を作成してみたい。」と述べ，全員の実態把握図を作成しました。A児と同じように実態把握図を作成したことで，自立活動の指導内容の見直しを行いました。

　さらに，Bは，「A児の昨年までの自立活動の目標を見て，"相手の顔を見て挨拶をしたり，相手の言葉や表情から気持ちを読み取ったりする"っていうのが，私も昨年までだったら，コミュニケーションをどうにかしなくてはと思って，似たような目標を立てたと思います。」「他のところをやっていくうちに，コミュニケーションがぴょこんと伸びたりしたら，何が関係してたかっていうところを捉えて，取り組んでいくっていうふうなやり方なんだろうなあって思いました。」と述べ，自分自身を振り返っていました。

第3節 外部専門家との連携・協働

Lecture 9 特別支援学校のセンター的機能に関する現状と課題

センター的機能は，特別支援教育制度転換期に位置づけられた特別支援学校の役割の一つです。地域の小学校等における特別支援教育が拡大する中，それまで培ってきた特別支援学校の専門性を展開することが求められています。しかしながら，特別支援学校のセンター的機能に関しては，課題も指摘されてきました。改めてセンター的機能の現状と課題を確認し，今後の展望について整理しましょう。

1. 特別支援学校のセンターとしての役割

センター的機能とは，特別支援学校が「幼稚園，小学校，中学校，高等学校等の要請に応じて必要な助言や援助を行うよう努めるもの」であり，学校教育法第74条に規定されています。その具体的な役割として，「特別支援教育を推進するための制度の在り方について（答申）」では，①小・中学校等への教員のへの支援機能，②特別支援教育等に関する相談・情報提供機能，③障害のある幼児児童生徒に対する指導・支援機能，④福祉・医療・労働などの関係機関等との連絡・調整機能，⑤小・中学校等の教員に対する研修協力機能，⑥障害のある幼児児童生徒への施設設備等の提供機能の6つを例示しています（文部科学省，2005）。

センター的機能の取組みの実際について，「小・中学校等の教員への支援機能」に関わる相談内容として「指導・支援に係る相談・助言」「障害の状況等に係る実態把握・評価等」「就学や転学等に係る相談・助言」が多くあげられました。文部科学省は2007年から2015年にかけて，2年に一度「特別支援学校のセンター的機能の取組に関する状況調査」を実施しました。2015年度の調査結果によると，国公立の特別支援学校のうち，センター的機能を担当する分掌・組織を設けている割合は90%，特別支援教育コーディネーターを複数配置している割合は60%をそれぞれ超えており，組織体制を整えつつあります。

一方で，特別支援学校における課題として「地域のニーズへ応えるための人材を校内で確保すること」や，「多様な障害に対応する教員の専門性の確保をすること」があげられ，いずれもセンター的機能を推進する人材に関するものでした（小山・東・佐々木，2018）。また，小学校等における課題は「特別支援教育実施のための校内体制を構築すること」や「全教員が特別支援教育の重要性について理解していること」等があげられました。

2. センター的機能の今後の展開

小学校等における特別支援教育の充実に向けて，センター的機能として特別支援学校が果たす

役割について具体的な取組みに基づき考えてみましょう。

　安藤ら（2006）は，通常の学級に在籍する脳性まひ児の多くについて，視覚認知の課題とそのことに起因する教科学習の困難さがある可能性を示唆しました。しかしながら，通常の学級に在籍する脳性まひ児の多くは，知的な遅れがないもしくは学年相応の教科学習に取り組んでいることから，体育など身体の動きを伴う教科での課題を除き，担任等の学習の困難さへの注目はなされてきませんでした。特別支援学校が培ってきた専門性を活用し，脳性まひ児の認知特性に関する担任教師の気づきを促すような支援が求められるといえます。

　また，センター的機能の具体的な機能の一つに，「③障害のある幼児児童生徒への指導・支援機能」があげられています（文部科学省，2005）。例えば，千葉県では県立特別支援学校が地域の小学校・中学校の子供に対して通級による指導を実施しています（千葉県教育委員会，2022）。通級による指導については，2001年度に千葉聾学校が小学校・中学校の児童等に対して通級による指導（難聴）を開始して以降，弱視，難聴及び言語障害，肢体不自由，病弱・身体虚弱の障害種についても，特別支援学校における通級による指導が実施されてきました。2021年度は，弱視に対する通級による指導が6校，難聴6校，肢体不自由12校，病弱8校，延べ32教室で特別支援学校における通級による指導が実施されています。肢体不自由の通級による指導の大部分は千葉県の特別支援学校による巡回指導であることも知られており，全国各地において特別支援学校を含めた地域の教育資源を活用したセンター的機能のさらなる展開が期待されるところといえます。

　これらセンター的機能の実施にあたっては，特別支援学校の校内体制の整備や，都道府県教育委員会や市町村教育委員会，小学校等の関係機関との協働が不可欠です。安藤（2021）では，小学校等の潜在化するニーズを先取りする支援を展開できるよう，特別支援学校に「積極的センター的機能」の体制構築を提起しています。具体的には，支援相談等を担う分掌担当教師だけがセンター的機能に関わるのではなく，教室で日常的に授業に取り組む教師と，支援相談等を主に担う教師とが協働して，自立活動の指導の成果を地域に展開していくことが重要であると指摘しています。

　各学校において，様々な組織体制等の工夫を実施していることと思います。それらの取組みを振り返るとともに，地域のセンターとしての役割を果たす特別支援学校の在り方についてともに考えを深めていきましょう。

［文献］
安藤隆男（2021）新たな時代における自立活動の創成と展開−個別の指導計画システムの構築を通して．教育出版，74-90.
安藤隆男・野戸谷睦・任龍在・小山信博・丹野傑史・原優里乃・松本美穂子・森まゆ・渡邉憲幸（2006）通常学級における脳性まひ児の学習の特性に関する教師の理解．心身障害学研究，30，139-152.
千葉県教育委員会（2022）第3次千葉県特別支援教育推進基本計画・第3次県立特別支援学校整備計画．千葉県教育委員会．
小山聖佳・東信之・佐々木全（2018）特別支援教育コーディネーターの外部支援に関する課題意識−A県内の特別支援学校におけるインタビュー調査から−．岩手大学大学院教育学研究科研究年報，2，35-41.
文部科学省（2005）特別支援教育を推進するための制度の在り方について（答申）．
文部科学省（2017）平成27年度特別支援学校のセンター的機能の取組に関する状況調査について．
　https://www.mext.go.jp/a_menu/shotou/tokubetu/material/1383107.htm

Practice 9 特別支援学校における センター的機能の体制整備に向けた協働

事例ガイド

どこで
肢体不自由／特別支援学校

誰と
行政，小中学校・特別支援学校の教師

何について
センター的機能，通級による指導

ここがポイント！

● 校内では，センター的機能を担う特別支援教育コーディネーターを，校務分掌である自立活動部に位置づけたことで，校内と校外の実践が自立活動の指導でつながることができています。

● 校外の実践では，都道府県教育委員会や市区町村教育委員会などの行政，小・中学校と特別支援学校との連携に有効だった手続きについて解説します。

《関係する事例》Practice 2, 5

対象校・児童生徒の実態

● A県B地区にあるC肢体不自由特別支援学校（以下，C校）を対象としました。B地区は首都圏に隣接する地域を中心とする5市で人口規模は150万人，小・中学校は219校になります。C校は特別支援教育が開始される以前より，B地区の小・中学校に対して来校相談や出張教育相談などのセンター的機能を展開していました。また，C校は2015年度より過密化対策として小学部のみの設置となり，中学部と高等部設置のD肢体不自由特別支援学校（以下，D校）が新設されました。

● A県では，特別支援学校による通級による指導を積極的に展開していて，聾学校（聴覚障害特別支援学校）による聴覚障害（2001年度），盲学校（視覚障害特別支援学校）による視覚障害（2010年度）の通級による指導を開設していました。本稿は肢体不自由特別支援学校による通級による指導「肢体不自由」の開設（2013年度）に至るまでの経緯や開設から10年間の取組みを紹介します。

1. なぜこのような取組みに至ったのか

　センター的機能[1]が制度化される以前から，C校は学区域の小・中学校に就学する肢体不自由児に対して，小・中学校の依頼に応じて，特別支援学校の教師が出向く出張型の教育相談と依頼者が特別支援学校に来校する形の教育相談を展開していました。また，通級による指導は1993年度より制度として整えられ，これまで全国で展開されています。近年，通級による指導の在籍者数の伸びは特別支援学校，特別支援学級の在籍者数を大きく上回り，その中でも発達障害に係る通級による指導[2]の在籍者数は年々大幅に増加しています（文部科学省，2022）[3]。

　一方，肢体不自由の通級による指導は，2012年度までは全国で10名程度を推移していました（文部科学省，2013）[4]。C校では，センター的機能を展開する中で，小・中学校から「障害のある幼児児童生徒に対する指導・支援機能」に関する依頼が多いことから，特別支援学校教師としてもセンター的機能から一歩踏み出した「指導の形」ができることを望むようになりました。そのため，小・中学校に就学する肢体不自由児に対する通級による指導が実現できるように，現場からも発信するように心がけました。

2. チーム構成の詳細や工夫点

（1）特別支援教育コーディネーターを自立活動部に配置

　センター的機能が制度化されてから，C校は特別支援教育コーディネーターを中心に学区域の小・中学校に対してセンター的機能を展開していました。出張教育相談件数[5]においては，2010年度249ケース，2011年度627ケース，2012年度313ケースと多くの相談を受けていました。2012年度に校内組織上それまで特別支援教育コーディネーターは小・中・高等部及び自立活動部に組織されておらず，一つの校務分掌として担任をもたない教師が行っていました。学部等に所属していない体制は，校外の業務に対しての動きやすさはあるものの，情報の共有化や特別支援教育コーディネーターの個業性が課題となっていました。そこで，特別支援教育コーディネーターを自立活動部に組織しました。特別支援教育コーディネーターを自立活動部に組織することで，小・中学校での相談や指導・支援の様子を校内の自立活動部の教師に伝えやすくなりました。また，特別支援教育コーディネーターが自校の児童等の自立活動の授業も担当するように時間割を調整しました。そのことで，自立活動を軸にして小・中学校に就学する肢体不自由児の指導・支援に関われるようになりました。

（2）センター的機能の延長線上に通級による指導を位置づける

　通級による指導の対象者は，市区町村教育委員会（以下，市教育委員会）

[1] Lectur9参照。

[2] 第一部第1章参照。

[3] 文部科学省（2022）特別支援教育資料（令和3年度）

[4] 文部科学省（2013）特別支援教育資料（平成24年度）

[5] 依頼のある小・中学校に直接出向く相談です。他に特別支援学校に来校して行う来校相談と電話相談があります。また，ケース数は延べ件数です。

が就学支援委員会等で選出する手続きになっています。肢体不自由児に対する通級による指導は言語障害児や発達障害児に対する通級による指導のように，各市教育委員会に設置されているケースは少ないのが現状です。センター的機能の延長線上に通級による指導を位置づけ，特別支援学校教師が市教育委員会の担当指導主事と連携することで，肢体不自由児に対する通級による指導が円滑に開始できました[*6]。センター的機能としての相談から通級による指導の対象になることが多いです。そのため，センター的機能として関わった特別支援学校教師がその後も通級による指導の担当者となるように，校内組織を改編したことで，センター的機能から通級による指導へとスムーズな移行が可能となりました。また，通級による指導は自立活動の指導になります。自立活動部に所属していることで，より高い自立活動の専門性を発揮できるようになりました。

＊6　肢体不自由に関する教育資源が少ないことが，市教育委員会の現状の一つです。通級による指導の対象者の選出においても市教育委員会との連携が重要になります。

3．実施した内容
（1）肢体不自由児に対する通級による指導の開設に向けて
①県教育委員会からの研究指定（肢体不自由児による通級による指導）

A県では，特別支援学校による通級による指導を聴覚障害児（2001年度：聾学校），視覚障害児（2010年度：盲学校）に対して展開していていました。その後，「共生社会の形成に向けたインクルーシブ教育システム構築のための特別支援教育の推進（報告）」（文部科学省，2012a）[*7]を受け，小・中学校に就学する肢体不自由児に対しても通級による指導を実施するよう動き始めました。そこで，これまでのセンター的機能の実績からC校に肢体不自由児に対する通級による指導に係る研究指定を行い，小・中学校に就学する肢体不自由児に対して通級による指導を位置づけることとなりました。
②C校による市教育委員会へのアプローチ

A県においても通級による指導は，そのほとんどが言語障害児と発達障害児に対するもので多数を占められていて，肢体不自由児に対する通級による指導は2012年当時行われていませんでした。A県からの研究指定を受けたC校は市教育委員会に対して，これまでのセンター的機能の実績から，今後，肢体不自由児に対する通級による指導を実施した場合に想定される指導の効果を伝えました。このことは，C校のセンター的機能が積極的に小・中学校に就学する肢体不自由児に対して，これまで指導・支援を行ってきたことが根拠になりました。

そこで，これまでセンター的機能を実施していた小・中学校に就学する肢体不自由児を中心に，各市2名の肢体不自由児を選出するよう依頼し，2012年9月より週に1時間の通級による指導を試行として展開しました。また，試行期間における通級による指導の経過を市教育委員会

＊7　文部科学省（2012a）共生社会の形成に向けたインクルーシブ教育システム構築のための特別支援教育の推進（報告）

の担当指導主事に伝えるとともに，2013 年度の肢体不自由児に対する通級による指導の開設に向けた手続きを説明しました。特に，市教育委員会が担う肢体不自由児に対する通級による指導の対象児童等の選出については，各市教育委員会の意向と C 校のセンター的機能の実際について丁寧に説明し，各市教育委員会で検討していただくようにしました[*8]。また，通級による指導の対象となる児童等，保護者に対しても，通級による指導に向けての質問等に対して丁寧な対応を心がけました。

③小・中学校へのアプローチ

　小・中学校には，特別支援学校のセンター的機能の目的や具体的な手続きなどについて，特別支援教育コーディネーターの研修会で積極的に伝えました。その中でも肢体不自由児への指導・支援を重点に置き，依頼のある小・中学校に直接出向き，授業参観や放課後等を活用しながら指導・支援を行うようにしました。また，9 月から試行として展開された通級による指導では，指導の成果や課題を学級担任や保護者，小・中学校の管理職に伝えました。また，学校での学習や生活上における課題を整理し，具体的な方策などを一緒に検討しました。その中で特別支援教育支援員（以下，支援員）を配置している学校では，肢体不自由児の学習や生活上の課題や対応の仕方などを支援員に任せている学校も多く見られました。特別支援学校教師が小・中学校の中に入ることで，肢体不自由児を担任する教師の相談に応じたり，具体的な指導・支援を行ったりする中で，自立活動の考え方を伝え，小・中学校の教師とともに肢体不自由児の学習や生活の向上を目指しました。

（2）通級による指導 10 年間の経過

①通級による指導を受けた児童等の身体の状況

　2013 年度から 2022 年度まで，C 校及び D 校の通級による指導に 1 年間以上在籍した児童等の人数は 89 名でした。身体の状況では，上肢に障害のある児童等は 36.8%，体幹に障害のある児童等は 21.8%，下肢に障害のある児童等は 77.0% と下肢に障害のある児童等が全体の 8 割近くを占めていました。また，校内における主な移動手段は独歩が全体の 63.2%，車椅子が 23.0%，電動車椅子が 9.2%，その他が 4.6% となり，独歩を主な移動手段としている児童等の割合が一番多く，全体の約 6 割を占めていました。下肢に障害のある児童等の割合が最も多いものの，一人で歩いて移動している児童等が多いことも，通級による指導を受けた肢体不自由児の身体の状況の特徴といえます。

②各年度における通級による指導在籍状況

　2013 年度から 2022 年度までの肢体不自由児に対する通級による指導の在籍者数を表 2-3 に示しました。2013 年度の開設当初は 12 名から始まり，6 年目の 2018 年度から 30 名を超え，現在も 30 名前後で推移し

*8　各市教育委員会が行う通級による指導の対象者の選出には，「巡回による指導」と「来校指導」の 2 つの指導形態も合わせて協議をします。また，特別支援学校の担当者数から，通級による指導の対象可能な人数が決まります。各市からあげられた人数に対して十分協議をして市教育委員会へ伝えるようにしました。

ています。2015 年度の D 校の開校を経て，小学校の通級による指導は C 校，中学校の通級による指導は D 校が担うことになりました。この間通級による指導の担当者が代わることがありましたが，通級による指導の指導体制や学校内の組織は変わらず，通級による指導の開設から 10 年間を経ても在籍者数は一定数を維持しています。

表 2-3　各年度における通級による指導在籍状況

年度	2013	2014	2015	2016	2017	2018	2019	2020	2021	2022
小学生	8	16	17	13	18	23	21	22	24	14
中学生	4	4	9	15	9	12	13	13	14	16
合計数	12	20	26	28	27	35	34	35	38	30

②通級による指導の指導形態

　A 県の特別支援学校による通級による指導の指導形態は，特別支援学校等を指導の場所とし，通級による指導の対象児童等が来校する形のサテライト型による指導（本稿では，来校指導と位置づけます）と対象児童等が在籍する小・中学校に特別支援学校教師が出向く「巡回による指導」があります。2013 年度から 2022 年度までの各年度において，巡回による指導の方が来校指導の人数よりも多く，2013 年度から 2015 年度までは，来校指導の人数は 5 名でしたが，2016 年度以降減少し，2021 年度からは全て巡回による指導になりました（表 2-4）。指導形態においては「巡回指導」は，肢体不自由児の多くが移動の困難さを抱え，その点に配慮した取組みであり，2013 年度以前の C 校でのセンター的機能においても，相談先のニーズに対応して在籍校へ出向く出張教育相談をいち早く展開していました。指導者が在籍校に出向く「巡回指導」では，在籍校の授業の様子や担任教師との連携が取りやすいメリットがあります。一方，多くの児童等を担当することにおいては，通級による指導の担当者の移動に時間がかかるデメリットもあります。通級による指導（特別支援学校教師）の担当者が巡回するだけでなく，小・中学校に就学する通級による指導の対象者が特定の小・中学校等に集まり，そこに通級による指導として特別支援学校教師が指導に出向く（サテライト教室方式）など，肢体不自由児の移動の困難さを視野に入れた指導形態の検討が求められます[9]。

表 2-4　通級による指導の指導形態

年度	2013	2014	2015	2016	2017	2018	2019	2020	2021	2022
巡回による指導の人数	7	15	21	26	26	33	33	34	38	30
来校指導による人数	5	5	5	2	1	2	1	1	0	0

＊9　A 県における特別支援学校による通級による指導では，聴覚障害（聾学校）視覚障害（盲学校）の通級による指導においてサテライト方式を導入しています。

4．成果と課題

　インクルーシブ教育システム構築においては，各地域の独自性を生かした取組みが展開されています。肢体不自由児に対する通級による指導は，A県の施策や学区域の市教育委員会との連携が開設に向けて大切なこととなりました。特別支援学校内の組織体制や指導者の専門性の担保も必要で，通級による指導の根幹をなす自立活動の指導は極めて重要になります。また，通級による指導を受ける小・中学校からは，指導の効果を実感できることや安心して他の学校の教師を受け入れられることも重要です。その意味において，センター的機能の延長線上に通級による指導を位置づけたことも安心できる材料になりました。A県における特別支援学校による通級による指導は，全国的に見て極めて特色のある施策です。通級による指導は自立活動の指導であり，自立活動の専門性のある特別支援学校教師が通級による指導を担当することで，指導の充実が図られ，同時に特別支援学校のセンター的機能も発揮しやすいメリットもあります。大切なことは，特別支援学校が通級による指導を担うことではありません。通級による指導の根幹をなす自立活動の指導が小・中学校の現場において充実することが大切です。今後は特別支援学校が培ってきた自立活動の専門性をセンター的機能として，より一層小・中学校のニーズに合わせて展開することが求められます。

次の一歩

　C校と通級による指導を継続したD校で展開した肢体不自由に対する通級による指導は，10年間で89名の児童等が対象となりました。小学校で通級による指導を終了した児童においても，中学校へ入学し引き続き通級による指導を受けている生徒も多数います。学びの場はかわっても，必要に応じて通級による指導を受けられる体制の構築ができてきました。また，C校とD校の通級による指導の担当者同士の連携も定期的に行われるようになりました。就学先は異なりますが，地域で学ぶ肢体不自由児の指導・支援の一助を特別支援学校教師が担うという気持ちが10年間の中で根付きました。さらに，D校では，中学校の通級による指導を終了した生徒で高等学校へ進学した生徒に対して，センター的機能を展開するようになるなど，一層の充実が見られています。

特別支援学校における多職種連携の現状と課題

今日，複雑化する学校の諸課題に対応するために「チーム学校」として多職種との連携・協働が求められています。ここでは特に，外部専門家として理学療法士（Physical Therapist；以下，PT），作業療法士（Occupational Therapist；以下，OT），言語聴覚士（Speech Therapist；以下，ST）との協働について取り上げます。

1．特別支援学校における外部専門家活用に関する動向

特別支援教育制度転換期に示された「特別支援教育を推進するための制度の在り方について(答申)」（文部科学省，2005）では，学校内外の人材の活用と関係機関との連携協力を図る必要性を指摘しています。具体的な外部専門家として，医師，看護師，PT，OT，ST 等があげられています。

特別支援学校の外部専門家の活用を推進するために，文部科学省は，2007 年度から 2009 年度に「特別支援学校等の指導充実事業」の一環として「PT，OT，ST 等の外部専門家を活用した指導方法等の改善に関する実践研究事業」を実施しました。事業内容の概要図（図 2-12）から，それぞれの専門家に求める役割等が確認できます。

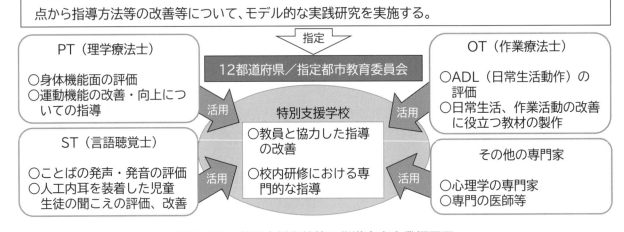

図 2-12　特別支援学校等の指導充実事業概要図

（文部科学省，2007 をもとに作成）

また，2013 年度から 2015 年度「特別支援学校機能強化モデル事業」の「特別支援学校のセンター的機能充実事業」の中で，外部専門家の活用について示しています。この事業の背景には，特別支援学校がインクルーシブ教育システムの中でセンター的機能を効果的に発揮するために，ネットワークを構築することがあげられています。委託を受けた教育委員会等の推進地域内の各特別支援学校に対して，高めるべき専門性を明確にして方策を検討することが求められました。専門性向上に向けて必要な PT，OT，ST 及び心理学の専門家等の外部人材を配置・活用するとともに，自立活動，キャリ

ア教育・職業訓練，ICT・AT活用等の専門性向上のための研修等を行うものであると示されました。指定を受けた自治体の報告によると，外部専門家を活用した研修ではケース検討や授業改善研修等の実践研究にかかる活用が多くを占めたことがわかりました。

　特別支援学校における外部専門家活用に関する学術研究動向について，例えば佐藤・藤井・武田（2015）は，PT，OT，ST等の外部専門家の活用状況や，活用の成果と課題に関する調査を行っています。調査からは，多くの学校で外部専門家を自立活動に関する内容で活用していることが示されています。活用の具体的な内容は，授業参観や授業者への助言，研修会の講師，ケースカンファレンスでの助言，アセスメントの助言などがあげられました。外部専門家の活用に関する成果として「授業者が子供の実態をより深く把握することにつながったと感じている」等が示されました。一方，課題は「多くの教師がPT・OT・STを授業参観にもっと活用してほしいと思っている」，「授業者とPT・OT・STが直接話をする時間をもっと確保したいと思っている」，「授業参観やケースカンファレンスの回数をもっと多くしたいと感じている」等，人材や時間の確保に関する事柄が主にあげられました。

2．多職種連携に向けた校内体制

　学校内外の人材の活用や関係機関との連携を円滑に行うための校内体制について考えてみましょう。まず，特別支援教育における連絡・調整役を担う特別支援教育コーディネーターが重要な位置づけとなると考えられます（第二部第2章第1節参照）。

　また，外部専門家の活用には自立活動に関わる事柄も多いことを踏まえて，自立活動専任教師や自立活動部の教師等も重要な役割を担っていると考えられます。友永・平田・相川（2005）は，自立活動専任教師を配置する意義について調査し，校内の自立活動の指導を率先的に充実させる役割と，医療機関など関連職種との連携を図る役割を担っていることを明らかにしています。一方で専任教師の配置状況は40%程度という調査結果（今井・生川，2013）や，地域差があることなどが知られており，体制構築には課題も散見されます。

　今後ますます多職種連携が求められる状況にあって，教育の立場の専門性として自立活動の考え方や指導に関して説明したうえで外部専門家を活用できるよう，校内の組織体制をさらに確立していくことが重要となると考えられます。

［文献］
今井善之・生川善雄（2013）知的障害特別支援学校における自立活動の現状と教員の課題意識．千葉大学教育学部研究紀要，61，219-226.
文部科学省（2005）特別支援教育を推進するための制度の在り方について（答申）．中央教育審議会，平成17年12月8日．
文部科学省（2007）平成20年度実施事業．初等中等教育局特別支援教育課．
佐藤孝史・藤井慶博・武田篤（2015）肢体不自由特別支援学校における外部専門家との連携のあり方に関する検討－全国肢体不自由特別支援学校における外部専門家活用に関するアンケート調査－．秋田大学教育文化学部研究紀要　教育科学部門，70，85-96.
友永光幸・平田勝政・相川勝代（2005）長崎県下の盲・聾・養護学校における自立活動の現状と課題～自立活動専任教員配置の意義と役割を中心に～．教育実践総合センター紀要，4，23-33.

Practice 10 特別支援学校における多職種連携に向けた協働

事例ガイド

どこで → 肢体不自由／特別支援学校

誰と → 外部専門家，担任，自立活動専任

何について → 多職種連携

ここがポイント！

- 多職種連携のパイプ役としての自立活動専任教師の実践（仕組みと相談活動の工夫）
- 学校や教師の専門性の向上に向けて，校内で相談活動を行う外部専門家の役割やスタンスを整理し明確にすることで，担任との協働の充実を図りました。
- 外部専門家との協働を通して，担任する教師が指導への手応えや児童等の成長を実感できるようになった具体的な事例も紹介します。

《関係する事例》Practice14, 15

対象校・児童生徒の実態

　この取組みは，A県の主に肢体不自由のある児童等が通う特別支援学校での実践です。児童等の在籍数は約230名で教師数も約200名と県内の肢体不自由特別支援学校の中では，規模が大きい学校といえます。筆者は取組み当時，学校の自立活動に関する専門性の向上を目的に配置されている自立活動専任（担任外で3名）でした。外部専門家について，A県では，校内の教育活動の充実に向けた特別非常勤講師（児童等への直接の指導も可能）として，様々な専門家が来校し，教師への相談活動や児童等への指導を行っています。本校では，作業療法士と言語聴覚士が校内で相談活動を行っています。その際，自立活動専任はコーディネート役となり専門家と一緒に巡回にあたっています。

1．なぜこのような取組みに至ったのか

　全国の傾向と同様に，本校においても，在籍する児童等の障害の状態が，より多様になり，教育的ニーズが多岐にわたる中で，個に応じた指導を展開していくための専門性やノウハウの十分な継承が難しい状況です。そのため，日々の指導への手応えや児童等の成長に実感がもてない教師が多くいるように感じていました。このとき，指導法や教材の充実以上に，児童等の課題の捉え方に関する難しさがあると考え，自立活動専任教師（以下，自活専任）[1]では以下の２点について重点的に課題解決にあたることにしました。

- ●児童等を多角的な視点からより深く理解すること
- ●意図的な実践を通して児童等を知り，指導を柔軟に再構築していくような省察的実践をすること

そのアプローチの一つに専門家との協働がありました。

2．チーム構成の詳細や工夫点

　ここでは主に学校に定期で来校し相談活動を行う特別非常勤講師の外部専門家（以下，校内専門家）と児童等を担任する教師（以下，担任），自活専任での協働に関する取組みを紹介します。

（1）校内専門家の相談活動におけるスタンスと役割の明確化
①「お任せ」ではなく，「ともに」

　相談活動における校内専門家と担任の関係は，「何をしたらよいか」のように校内専門家に一方的に教えてもらう，やってもらうものではなく「一緒に考え，児童等の成長を共有する」ものであることを確認しました。そのため，担任を主体とした教育実践のどの段階に校内専門家が関わっているのかを明確に提示する必要がありました。
②自立活動の授業デザイン段階をサポートする存在

　様々な実態の児童等の指導を計画するにあたり，教師が困難さを抱く，もしくは十分な検討がされにくいのが，児童等の困難さの背景にある要因を推察することだと考えました。また適切な推察には発達の視点等も含め専門的な知識と経験等が必要になることもあり，特に特別支援教育の経験が少ない教師からすると難しいステップです。そこで校内専門家は，主に児童等の困難さの背景要因をそれぞれの専門の分野から推察し，それを踏まえた指導の仮説を提案することで担任の授業デザイン段階をサポートする役割に位置づけました（図2-13）。

*1　対象校の自活専任は，相談活動や研修企画等も担当しています。

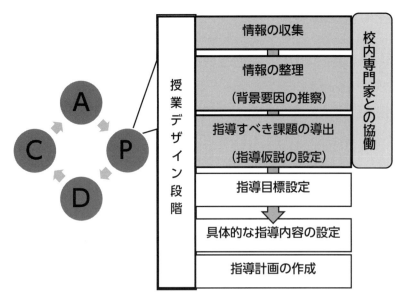

図2-13 校内専門家の役割の整理

（2）校内専門家の活用に向けた工夫
①「外部専門家 課題整理シート」*² の検討

相談活動に用いるフィードバック用シートは，授業デザインのプロセス自体と，それにおける担任と校内専門家の役割（図2-13）が意識しやすいような書式（表2-5）にしました。

＊2 校内専門家の記録用紙としての機能も付与しています。

表2-5 校内専門家 課題整理シート項目

1. 〔困りごと・相談内容〕☆担任記入
相談の主訴となる項目。まだ曖昧な場合は自活専任と一緒に考え整理した状態で校内専門家と共有する。
2. 〔困りごとについて考えうる要因〕○校内専門家記入
校内専門家の視点から主訴に関わる実際の場面の観察や直接的・間接的な指導を通して，背景要因を検討する項目。
3. 〔指導・配慮・工夫の仮説〕○校内専門家記入
校内専門家の専門分野等の観点からアプローチとそれによる変容の想定を提案する項目。
4. 〔やってみたいこと〕☆担任記入
3を参考にし，担任が教育活動のどの場面でどのような工夫をして指導をしてみるか検討し，記入する項目。
5. 〔やってみてどうだったか，成長や変容〕
振り返りまでの期間を設定し，担任が実施し，それによる成長や変容で実感していることを記載する項目。また継続相談した際に校内専門家の気づいたことも追記していき，その後の変容を残せるようにする。交換日記のようなイメージ。

②通訳としての自活専任

校内専門家と担任がそれぞれの専門性や経験を十分に発揮して協働するためには，各専門職の専門分野等や校内事情，児童等の状態に詳しい自活専任が橋渡しのような役割で相互の理解を促進していきます。

③相談の依頼内容に応じた各専門職への振り分け*³

年度当初と前期末に全グループから児童等の困りごとを集約しています。これを自活専任が校内外の各専門職に振り分けていくことで適切な相談活動にしていきます。

④学校のことを知ってもらう

指導仮説の提案時に教育課程や日課等の学校の流れや方針等を理解してもらう必要があるため，適宜，教育課程の検討事項や学校研究の取組みなどを紹介していきます。

3．具体的な実践『児童の理解の深化による指導の充実』

相談者は小学1年生の担任（以下，担任A）です。対象児童は小学1年生の女子児童（以下，児童B）で，知的障害と肢体不自由の重複障害があります。

【相談の主訴】

「学校に入学してから，人をつねったり，泣いて座り込んだりすることがある。以前はなく，入学後からやるようになった。どのように対応したらよいか。」*⁴

【相談活動のプランニング】

いわゆる不適切な行動が入学後から現れたということで担任Aとしては，やめさせなければという焦りがありました。しかし，まだ1年生ということもあり，校内専門家である作業療法士（以下，校内OT）と一緒に児童の実態（特に，感覚と発達の状態）をより丁寧に理解し，なぜ不適切な行動が現れるのか読み解くことからはじめようと方針を決めました。

【相談活動の経過】

〈行動観察等による情報収集〉

・一人遊びよりも，身近な教師と遊びたがる。

・生活の中で時間を持て余したり，不安そうなときに足を踏み鳴らしたり，首を激しく振ったりと自己刺激行動がある。

・人をつねったりするのは，意思疎通がうまくいかなかったときで身近な教師にのみ行っている。

さらに，就学前から通っている理学療法と言語聴覚訓練での活動を保護者に問い合わせたところ，以下の情報が得られました。

理 学 療 法 ：独歩は就学直前で可能に。運動機能はここ1年で急激に成長しているが，まだ調整が利きにくい。

言語聴覚訓練：ジェスチャーや発声のバリエーションが増えてきているため構音と発語の練習を行っている。

〈収集した情報の整理〉

これらの情報を踏まえ校内OTは，担任Aの相談に関する児童Bの

*3 振り分け例
・自活専任
・校内専門家
・校内の専門性の高い教師
・医療機関（主治医など）

*4 担任の情報では，入学前は一人遊びが多かった。

行動について，以下のような背景要因を推察しました。

・以前は自分の世界に没頭することが多かったが，外界への意識が高まったことで，人との関りを求めることができるようになってきたのではないか。

・伝えたいという意識の高まりに対して，伝達手段が限定的なことから，泣いたり，つねったりするような行動で表出するしかないのではないか。

・運動，動作のコントロールや調整が難しく，それが情動の調整の難しさにつながっているのではないか。

　総じて，いわゆる不適切な行動は，運動性や対人意識が高まり，<u>成長してきたからこそ現れた行動</u>と整理しました。

〈推察した背景要因を踏まえた具体的な指導仮説の提案〉

・急な運動機能の発達により，自己の身体意識が曖昧になっているかもしれない。特にスキンシップや遊具などでの粗大な運動を朝のうちに一定時間行うと，気持ちも落ち着き，環境，状況の理解や活動への注目につながるのではないか。

・つねったり，泣き叫んだりしたときには，そのときの気持ちがどのようなものだったのか代弁し，共感するような言葉掛けを続けると，混沌とした自分の気持ちを意識し整理できるようになるのではないか。

・指差し，ジェスチャー，発語，カードのやりとり等，自分の気持ちを具体的に伝達できる手段と自信を身に付けていくと本人から伝え方の工夫を始めるのではないか。

〈指導と関わりの変化による児童の成長〉

　児童の見せる行動を改めて読み解いていくと，不適切な行動をする困った子ではなく，成長の過程で身体−情動−認知−伝達にアンバランスがあり，困っている子だということが担任団や保護者とも共有できた（児童の理解の深化）ため，共感的な関わりや，児童Bがわかる，納得できるための支援の工夫（指導仮説に基づく実践）が様々な場面でされるようになりました。その後も適宜，校内OTと経過を観察し，まだ落ち着かないときはあるものの，以前よりスムーズに切り替えることができるようになったり，授業に集中して参加できる時間が増えたりしてきています。何より，共感的な関わりを大切にしたことで，人と関わることへの意欲が高まり，伝えようと試行錯誤する中で発語やジェスチャーも増え，友達とも自分から関わろうとする様子まであります。この成長を担任Aが校内OTや自活専任に嬉しそうに報告に来てくれる様子が印象的な事例です。

4. 成果と課題

（1）担任－校内専門家－自活専任の協働における役割

　意識的に相談活動を続けていく中で，授業デザイン段階のプロセスにおけるそれぞれの役割等が明確になりました（図2-14）。

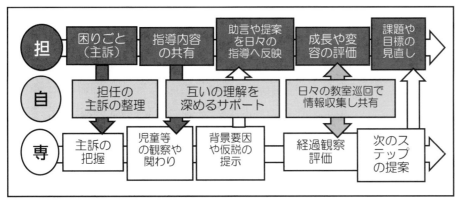

図2-14　授業デザイン段階でのそれぞれの役割 [5]

＊5　図2-14において
「担」は担任
「自」は自活専任
「専」校内専門家

（2）通したそれぞれの気付きと学び

　事例のような校内専門家との協働を通して，担任が指導への面白さを見出すケースが多く見受けられました。それは，多角的な視点から児童等の課題を捉えた根拠のある指導への安心感や意図的な指導により適切に評価ができることでの児童等の成長への手応え，やりがいが生まれたことが要因にあると捉えています。また，校内専門家からは役割が明確になり，相談活動が円滑になったということや，指導仮説の提案を受けた担任の学校生活の中での工夫やアイデアがいつも楽しみで，それが自身の学びになったという話も聞かれました。

次の一歩

　この取組みは，後にA県の肢体不自由特別支援学校の教師と医療機関のセラピスト等での有志の連絡協議会で情報提供を行いました。その中でセラピストからは，教育機関との情報交換の機会に，学校（教師）に何を伝えるべきか困っていたという意見が複数ありました。教師が授業デザイン段階のプロセスを意識して校内専門家に限らず様々な専門職と協働することは，相互に理解を深め，充実した多職種連携を促進するのではないかと期待しています。

大学との協働に基づく理論と実践の往還

『「令和の日本型学校教育」の構築を目指して～全ての子供たちの可能性を引き出す，個別最適な学びと，協働的な学びの実現～（答申）』（以下，令和答申）においては，これまで日本型学校教育が果たしてきた役割を継承しつつ，GIGA スクール構想等を推進するとともに 2017 年学習指導要領等を着実に実施していく方針を示しています。その中で，教員養成や現職研修における大学の役割や，大学と学校及び教育行政との連携・協働について述べられています。この Lecture11 では，大学及び教職大学院の構想と役割について概観したうえで，協働の在り方について整理していきます。

1.　学校教育の充実に向けた大学の役割

令和答申においては，教員養成段階から採用後の現職研修を通した，教師に求められる資質・能力の育成について，近年の動向と今後の方向性を示しています。

教員養成段階に関しては，特別支援教育の充実やアクティブ・ラーニングの視点に立った授業改善，ICT を用いた指導法に関する内容が教職課程に加えられています[*1]。また，新たな課題として学校教育における ICT の効果的な活用をあげ，教員養成大学・学部や教職大学院に対して，新たな時代に対応した教員養成モデルを構築するなど，Society5.0 時代の教師の養成を先導する役割を果たすことが期待されています。

現職教育段階に関しては，都道府県教育委員会等における教員研修にあたって大学と積極的に連携し養成段階と採用後の段階を通した取組みが促進されることが期待されています。2017 年学習指導要領等において強調された「主体的・対話的で深い学び」の実現に向けた授業改善の方略として ICT の活用モデルを例にあげ，教師の授業研究の積み重ねとともに，教員養成大学・学部や教職大学院，国立大学附属学校に対して，不断の授業改善に取り組む教師のネットワークの中核としての役割を果たすことを求めています。

また，教師に求められる資質・能力の育成においては，学び続ける教師としての資質・能力の高度化を担う教職大学院が各都道府県等教育委員会等と連携しながら，「理論と実践の往還」の手法を通じて，新たな教育課題や最新の教育改革の動向に対応できる実践力を育成する役割を担うことが大いに期待されています。

2.　教職大学院の構想と役割

教職大学院が大学院専門職学位課程として設置されたのは 2008 年度でした。2002 年 8 月の「大学院における高度専門職業人養成について（答申）」において，大学院の修士課程，博士課程とは別の専門職大学院制度を別置・移行することとなりました（三石，2020）。この新制度のもと，教員養成についての専門職課程である教職大学院は，2006 年 7 月の「今後の教員養成・免許制度の在り方について（答申）」で専門職課程として提言されました。

　教職大学院は，学校教育の抱える課題が複雑・多様化する中で，変化や諸課題に対応し得る高度な専門性と豊かな人間性・社会性を備えた力量ある教師が求められていることを背景として，高度専門職業人養成としての教員養成に特化した専門職大学院として創設されました。教職大学院では次の2つの人材養成を目的としています。①学校現場における職務についての広い理解をもって自ら諸課題に積極的に取り組む資質能力を有し，新しい学校づくりの有力な一員となり得る新人教員，②学校現場が直面する諸課題の構造的・総合的な理解に立って，教科・学年・学校種の枠を超えた幅広い指導性を発揮できるスクールリーダーです。

　教職大学院の標準修了年限は2年とされていますが，各大学院の判断・工夫により，現職教員の履修の便宜等に配慮して，短期履修コース（例えば1年）や長期在学コース（例えば3年）の開設もなされています。カリキュラムの特徴としては，学校における実習が10単位以上（300～450時間）を必修として編成されている点だといえるでしょう。学校現場での課題に向き合い実践することを重視しており，理論と実践の往還を図ることが求められています。なお，実習にあたっては，教師としての高度の専門性と課題解決力を養うため，自ら企画・立案したテーマについて学校現場における体験を省察し，高い専門的職業人としての自覚に立って客観化し，理論と実践の往還・融合を果たし得るものでなければなりません（文部科学省，2013）。そのため，大学教員の指導の下で行う「探究的実践演習」としての性格を重視する必要があります。

3．学校等と大学との協働の視点

　安藤（2021）は，授業フィールドである「教室」こそ，教師の成長を促す場であるとし，「教室」での指導を通じた科学性の探求（theory through practice）の重要性を示唆しています。また，内海・安藤（2021）では，教師の協働に基づく校内研修の実施を通して，一過性（one shot）の研修ではなく継続的に取り組むことの重要性をあげています。大学等との協働においても，授業研究など「教室」での営みに関して，継続的に向き合う協働の形が求められると考えます。

[注]
*1　2016年の教育職員免許法の改正及び2017年の教育職員免許法施行規則の改正による。

[文献]
安藤隆男（2021）新たな時代における自立活動の創成と展開：個別の指導計画システムの構築を通して．教育出版．
三石初雄（2020）専門職課程における「研究能力」育成とアカデミズム－修士課程から専門職学位課程への転換の議論から－．日本教師教育学会年報，29，22-32．
文部科学省（2013）大学院段階の教員養成の改革と充実等について（報告）．教員の資質能力向上に係る当面の改善方策の実施に向けた協力者会議，平成25年10月15日．
内海友加利・安藤隆男（2021）肢体不自由特別支援学校における教師の協働に基づく校内研修プログラムの実施と有効性－自立活動の指導における個別の指導計画作成に焦点をあてて－．特殊教育学研究，59，179-190．

Practice 11 質の高い外部専門家の活用に向けた協働
－教職大学院に着目して－

事例ガイド

どこで	誰と	何について
教職大学院	小学校等と大学	外部専門家の活用

 ここがポイント！

- 小学校教師と大学院生（以下，院生）が，安藤（2001；2021）を参考に個別の指導計画の作成と活用に取り組みました。公正な手続きによる協働には，個々の子供理解や授業に対する自身の在り方への振り返りと改善がありました。外部専門家活用に向けて，自立活動の指導における教師間協働の手続きの整備が必要ではないかと考えられました。

《関係する事例》Practice 1, 2, 3, 8

対象校・児童生徒の実態

- 通級による指導では，「効果的な指導が行われるよう，各教科等と通級による指導との関連を図るなど，教師間の連携に努めるものとする」とされ，個別の指導計画の作成が義務づけられました。個別の指導計画の様式は整ってきていますが，自立活動の時間における指導と各教科等の授業がつながらず，教師間の連携に困難があります。
- 小学校では，個別の指導の作成・活用は各教師に任されており，作成と活用が連続するシステム構築が課題であると考えられます。自立活動の指導として，学校の説明責任を果たしえない状況にあるかもしれません。
- 院生は，特別支援学校の教諭免許状を取得している者もいますが，自立活動の名称を冠した授業科目を履修した者はほとんどいません。ほぼ全員が専修免許状の取得を希望しており，修了後はセンター的役割を果たしていくことが期待されています。

1．なぜこのような取組みに至ったのか

　2021年8月，学校教育法施行規則の一部を改正する省令が施行され，教員業務支援員（スクール・サポート・スタッフ）情報通信技術支援員（ICT支援員），医療的ケア看護職員，特別支援教育支援員が，学校の新たなスタッフとして位置づけられました。

　特別支援学級担任や通級による指導を担当する教師は，特別支援教育コーディネーターとともに，これら校内の新たなスタッフや外部の関連機関の専門家とも協働し，自立活動の指導を進めていくための中心的な役割を担うことになります。小学校等の特別支援学級と通級による指導においても作成が義務づけられている個別の指導計画は，自立活動の指導について学校として説明し，校内外の関係者と協働する際のツールになるものであると考えられますが，その作成・活用には課題があります。また，特別支援学校には，これら小学校等における自立活動の指導に関わる課題を小学校等が主体的に解決すべく支援するセンター的役割があります。

　文部科学省（2023）*1は，自立活動の意義や指導の基本に関わる研修を推進していくことを改めて提言しており，教員養成大学は，小学校等が主体的に自立活動の指導を展開できるよう養成・研修プログラムを開発することが必要であると考えられます。教職大学院の学校における実習*2は，自立活動の展開に係る養成と研修の両面に関わることができる場であると考えられます。

2．チーム構成の詳細や工夫点
（1）地域の学校と大学との関係性

　本学の教職大学院で行う学校実習は「学校支援プロジェクト」と称し，A県B市及びその近隣の市町の教育委員会と校長会との連携のもと小学校等（連携協定校）で実施されています。学校支援プロジェクトは，地域の小学校等で生じている課題に対して，小学校等と大学が協働して解決を目指すチーム・アプローチです。

　連携協定校である小学校等は，大学の教員から提出された連携提案書の中から自校のニーズに沿う提案を選び，連携希望の意思を明らかにします。その後調整が行われ実際に連携する学校（連携校）を決定し，院生は，7月あるいは9月頃から12月頃まで連携校で学校実習に臨みます。大学からの連携提案書に対し連携を希望するか否かは各連携協定校に任されています。協働で解決を図る場を創るため，大学の教員には，地域の学校のニーズを見極め，連携提案書を作成することが求められます。特別支援教育に関わる連携希望は，増加傾向にあります。

*1　文部科学省（2023）通常の学級に在籍する障害のある児童生徒への支援の在り方に関する検討会議報告

*2　学校における実習（教職専門実習）のねらい
https://www.mext.go.jp/b_menu/shingi/chukyo/chukyo3/siryo/attach/1346451.htm

（2）自立活動研究を基盤とした学校支援プロジェクト

　本学教職大学院は，2008年4月に開設されました。筆者は，2019年度から学校支援プロジェクトを担当し，一貫して，自立活動の学術研究である安藤（2001[*3]；2021[*4]）を参考に取り組んできました。これまで連携協定校に提案してきたテーマは，特別な教育的ニーズのある子供の自立活動の個別の指導計画作成と活用に関わるものです。

（3）テーマ設定の理由

　2017年告示小・中学校学習指導要領では，各教科の授業の際は，「障害のある児童などについては，学習活動を行う場合に生じる困難さに応じた指導内容や指導方法の工夫を計画的，組織的に行うこと」とされています。各教科等の授業を行う教師が障害のある児童などが学習活動を行う場合に生じる困難さに気づき，困難さの背景を分析し，指導内容や指導方法の工夫を計画的に実施できるよう，学校として組織的に取り組んでいくことが求められているのです。

　しかし，この手続きは，各教科等の授業の手続きとは異なります。小学校等は，この各教科等の授業とは異なる手続きを学ぶことが求められており，それは，学校の教育活動全体を通じて行う自立活動の指導を展開する中で学ぶことができると考えられます。その際，障害のある児童などの学習上の困難さや困難さの背景要因に対する教師の気づきの状態には差がある（安藤ら，2009）[*5]ことや学校の組織特性（疎結合組織[*6]など），多忙感等を踏まえると，自立活動の指導に関わる研修機能が埋め込まれた安藤（2001；2021）の個別の指導計画の作成と活用の手続きの導入が有効であると考えられます。安藤（2001；2021）の手続きに沿って個別の指導計画作成と活用を進め，校内の協働体制を構築する過程での学びが，外部に対しても「専門的な助言又は援助を要請するなどして，主体的に問題を解決していくことができる資質や能力（文部科学省，2021）[*7]」の向上につながり，自立活動の指導を展開できる組織へと成長するのではないかと考えられます。

　また，院生は，学校の外部者として学校教育の現場に身を置くことで，センター的役割を持つ特別支援学校の教師としてどう関わることがよいのかを実践的に検討することができます。その際，安藤（2001；2021）の手続きを教師とともに実践することが有効なのではないかと考えられます。

3．実施した内容 [*8,9]

　連携校には，学校支援プロジェクトのためのコーディネーター役を担う教師が選任されており，相談しながら進めます。院生は，1人あるいは複数で1人の対象児（通級児あるいは特別支援学級在籍児）を

[*3] 安藤隆男（2001）自立活動における個別の指導計画の理念と実践－あすの授業を想像する試み－．川島書店．

[*4] 安藤隆男（2021）新たな時代における自立活動の創成と展開 個別の指導計画システムの構築を通して．教育出版．

[*5] 安藤隆男・丹野傑史・佐々木佳菜子・城戸宏則・田丸秋穂・山田綾乃（2009）通常学級に在籍する脳性まひ児の教科学習の困難さに対する教師の気づき．障害科学研究, 33, 187-198.

[*6] 佐古秀一（2006）第5章 学校の組織特性と教師．教師と教育集団の心理．誠信書房．

[*7] 「令和の日本型学校教育」の構築を目指して ～全ての子供たちの可能性を引き出す，個別最適な学びと，協働的な学びの実現～（答申）https://www.mext.go.jp/content/20210126-mxt_syoto02000012321_2-4.pdf

[*8] 令和2年度学校支援プロジェクト実践研究．上越教育大学大学院学校教育研究科専門職学位課程（教職大学院）

担当させていただきました。対象児の担任と通級担当，特別支援学級担任，特別支援教育コーディネーターとともに，安藤（2001；2021）を参考に実態把握図＊10の作成（診断的評価），授業における形成的評価，総括的評価に取り組みました。

（1）実態把握図の作成（診断的評価）

　院生は授業中の対象児の様子を観察し，収束しやすいように付箋紙（25×75mm）に記録しました。また，担任が気にとめた対象児の姿をできるだけ客観的に聞き取り，院生が付箋紙に書き起こしました。収集した情報は，KJ法を参考としてあらかじめ院生が収束し，いくつかの「島」を作成しました。

　次に，支援会議を開催してもらい，実態把握図を完成させ，安藤（2001）に従い，中心課題，基礎課題，発展課題を設定しました。安藤（2001）は，中心課題は「1年をスパンとして時間の指導を含む自立活動の指導，すなわち学校の教育活動全体を通じて把握される課題」，基礎課題は「授業レベルで取り組む課題」，発展課題は「中心課題に取り組んでいったときに3年後くらいに想定される課題」としています。支援会議の参加者は，担任，特別支援教育コーディネーター，通級担当教師，特別支援学級担任，院生です。支援会議では，ファシリテーター＊11となる教師の役割が重要です。院生には，大学の授業科目「学校支援リフレクション」において，ファシリテーター役の演習に取り組んでもらいました。あらかじめ院生が付箋紙を収束して「島」をつくり，「島」同士の関係性を検討し，実態把握図（案）を作成しました。そして，この一連の収束過程を教師たちにどのように説明するとわかりやすいかを考え，説明の予行練習をしました。わかりにくい点はないかを院生同士で指摘し合い，説明の仕方の修正を繰り返しました。

　実際の支援会議の場では，院生がファシリテーターとしての役割を担い，あらかじめ作成しておいた「島」を構成する付箋紙を読み上げ，「島」が内容的に納得いくものであるかどうかを担任と特別支援教育コーディネーターに確認しました。その後，「島」と「島」との関係を担任と特別支援教育コーディネーターに確認していき，実態把握図として完成させました。そして，「他の島へ影響をおよぼしている，あるいは関連が多いのはどの島かという基準から注目できる島」（安藤，2001）に注目し，その「島」の内容から中心課題を設定しました。さらに，中心課題を達成するための基礎課題を設定し，今年度1年間でどの授業で特に取り組むかを担任に確認しました。また，発展課題を設定し，個別の指導計画としました。ここまで，およそ1時間程度で終了できるようにしました。

＊9　令和3年度学校支援プロジェクト実践研究．上越教育大学大学院学校教育研究科専門職学位課程（教職大学院）

＊10　Lecture1 参照

＊11　ファシリテーターとは，集団における話し合いを円滑にするための役割を担う人のことをいいます。本事例においては，実態把握図の作成手順の説明や作成場面における話し合いの進行等の役割を担いました。

（2）形成的評価に関わる情報収集と提供

　院生は，対象児のクラスの授業に学習補助役として参加しながら教室での対象児の情報を収集し，対象児やクラスの他の子供たちの学習状況について担任及び特別支援教育コーディネーター等に口頭や紙媒体（付箋紙等）で伝えました。

（3）総括的評価

　再び，支援会議を開催してもらい，個別の指導目標の達成状況について確認しました。

4．成果と課題[*12]

＊12　＊8，9に同じ

（1）実態把握図作成の手続きを経験することの意義

①連携校の教師の気づき

　実態把握図を作成する過程で，「自分以外の教師も対象児の重要な情報を持っていたことに気づいた」，「実態把握図は，その子の課題が一目で見え困難さがよくわかった」，「読み書きの困難さについて背景要因との関連で考え，指導内容を設定しなければならないことがわかった」，「クラスには対象児以外にも同じような困難のある子供がいることに気づいた」，「自分一人の情報で指導の方法を決めていたことは問題であった」，「ここまで深く授業を考えたことがなかった」等が教師から語られました。実態把握図を作成することによって，自身の子供理解や授業への振り返り，教師間の協働の重要性への気づきが見られました。

②院生の気づき

　「担任の先生と実態把握図を作成したことが一番学びになった」と語りました。院生の立場で現職教師に対し，実態把握図作成のファシリテーター役として効率よく説明することは難しい課題であったと考えられます。担任にどう説明するとわかりやすいかを想像しながら説明の準備をし，実際の支援会議では，担任等が対象児の困難をどう捉えたらよいか悩みながらも捉え直し，授業を改善していこうとする姿を目の当たりにしました。この経験が影響しているのではないかと考えられました。

（2）自立活動研究（安藤，2001；2021）を基盤とした学校支援プロジェクトの意義

　教師と院生は，自立活動の時間の指導と教室での各教科等の学びを一体的に捉え，対象児が他児とともに各教科等を学ぶことを中心に据え，個別の指導計画を意識しながら教材や教授法を工夫していきました。例えば，当初，担任は対象児が書く文字が枠からはみ出てしまう実態が気になっていましたが，通級担当教師はそのことには気づいていたものの積極的に指導内容に取り入れていませんでした。しかし，実態把握図を

作成することで書字の課題の背景に「身体の動き」や「環境の把握」の問題があるのではないかということが共有され，その結果，通級指導教室においては，院生が作成した教材を活用し，運動遊びを取り入れました。また，担任も，体育の時間に運動遊びを取り入れたり，対象児の体の使い方に注目したりするようにしました。協働で個別の指導計画を作成したからこそ，子供が主体的に学ぶことを考えながら指導を行う関係性が形成されたと考えられます。

　安藤（2001；2021）の方法は，障害等により学ぶことに困難がある子供が，各教科等を学び続ける主体となっていくよう，個々の教師をつなげ，それぞれの教師が有する力量を高め合い課題解決を可能にするチーム形成の方法であると考えられます。院生と教師は，関係する教師が協働で実態把握をする意義を理解し，協働の手続きを実践的に学んだのではないかと考えられます。

（3）課題
①授業における実態把握図の活用と修正に関わる課題
　院生は，対象児等の教科等の学習に学習補助者として関わる中で得た形成的評価に関する情報を担任に提供しましたが，授業後に提供しても，多忙な担任は，すぐに授業改善に活用できないことがありました。授業中に，学習補助者として授業者にどのように情報提供すると子供の学びを助けることができるのかについて検討することが必要であると考えられましたが，このことについては，十分に実施できませんでした。授業中，メインティーチャーである担任が気づいていない子供情報を院生は得ていることがあります。この情報をどう授業改善につなげるかの検討が今後の課題です。

②大学の課題
　これまで述べてきた学校支援プロジェクトが実施できたのは，連携校のコーディネーターを担当した教師が特別支援教育コーディネーターであり，なおかつ，自立活動の意義を既に学んでいた教師であったからだと考えられます。筆者が実践する学校支援プロジェクトは，自立活動の展開に関わる大学と地域の学校とのチーム・アプローチです。学校支援プロジェクト以外にも，自立活動の意義を地域の教師に伝えていく機会を積極的につくっていくことが，大学としての重要な役割であると考えられます。

次の一歩

　教職大学院で取り組んできた手続きによる授業研修を，2020年度からは教育委員会と協働し，市内の小学校を対象に実施しています。この新たな取組みにより，各学校が自立活動の指導における教師間の連携の手続きを検討する機会をもつことにつながるのではないかと考えています。

Lecture 12 医療的ケアの現状と関係者との協働

　現在，学校には医療的ケアを必要とする子供たち（以下，医療的ケア児）が多数在籍しています。今後も，医学の進展等を背景として医療的ケア児は増加するといわれています。医療的ケアの現状や動向を整理し，教師及び学校に求められる役割について考えを深めましょう。

1．学校における医療的ケアの概要

（1）医療的ケアとは

　医療的ケアとは，2021 年施行の「医療的ケア児及びその家族に対する支援に関する法律」によると，「人工呼吸器による呼吸管理，喀痰吸引その他の医療行為をいう」とされています。一般的には，学校や自宅など，医療機関以外の場所で日常的に継続して行われる，喀痰吸引や経管栄養，気管切開部の衛生管理，導尿，インスリン注射などの医行為をさします。

　学校における医療的ケアの実施をめぐっては，1998 年頃からモデル事業が取り組まれるようになり，2012 年 4 月の社会福祉法及び介護福祉法の一部改正により，それまで実質的違法性阻却*1 の考え方に基づいて実施してきた特別支援学校の教師が，医行為のうち喀痰吸引等の特定行為*2 に限り，研修を終了し都道府県知事に認定された場合には「認定特定行為業務従事者」として，一定の条件の下で制度上実施することが可能となりました。

（2）学校における医療的ケアの現状

　文部科学省(2023) の「令和 4 年度学校における医療的ケアに関する実態調査結果(概要)」によると，令和 4 年度の特別支援学校に在籍する医療的ケア児は 8,361 人，幼稚園・小・中・高等学校に在籍する医療的ケア児は 2,130 人とされています。近年の各学校における医療的ケア児の推移は図 2-15，2-16 の通りであり，特に幼稚園・小・中・高等学校に在籍する医療的ケア児は急激に増加していることがわかります。

　学校で実施されている医療的ケアの項目について，特別支援学校の延べ 30,808 件を行為別にみると，多いものから順に，喀痰吸引（口腔内）5,075 件, 喀痰吸引（鼻腔内）5,000 件, 経管栄養（胃ろう）4,856

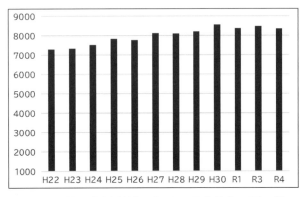

図2-15　特別支援学校における医療的ケア児の数

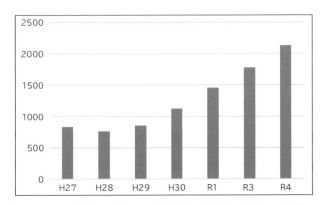

図2-16　幼稚園・小・中・高等学校における医療的ケア児の数

（文部科学省，2023 を参考に筆者作成）

件，喀痰吸引（気管カニューレ内部）3,124件となります。幼稚園，小・中・高等学校では，延べ3,213件であり，行為別にみると，血糖値測定・インスリン注射619件，導尿570件，喀痰吸引（気管カニューレ内部）380件，経管栄養（胃ろう）323件の順に多いことが示されています。

2．医療的ケアの現状を踏まえた関係者との協働
（小学校等の地域における実施と看護師等の配置）

　小学校等における医療的ケア児が増加していることや，人口呼吸器の管理等の特定行為以外の医療的ケアを必要とする子供たちが学校に通うようになるなどの動向を踏まえて，文部科学省は検討会議において議論を重ね，2019年2月に報告，同年3月には「学校における医療的ケアの今後の対応について（通知）」を発出しました。小学校等を含む全ての学校における医療的ケアの基本的な考え方や，実施する際に留意すべき点等について各教育委員会に示しました。また，2021年6月には「医療的ケア児及びその家族に対する支援に関する法律」が成立しました。この法律は，医療的ケア児の健やかな成長を図ることや，その家族の離職の防止に資し，もって安心して子供を生み，育てることができる社会の実現に寄与することを目的としており，医療的ケアに関する体制整備が求められています。

　2022年度の文部科学省の調査によると，特別支援学校における医療的ケア看護職員は2,913人，教師以外の認定特定行為業務従事者273人であり，幼稚園，小・中・高等学校では看護職員1,799人，介護福祉士1名，教師以外の認定特定行為業務従事者119人であるとされています。看護職員の雇用形態は非常勤がほとんどであり，人員確保が急務とされています。

　医療的ケアの実施にあたっては，看護職員と教師との役割分担に基づく綿密な協働が求められています。綿密な連携に向けて，学校組織においては養護教諭や保健主事[3]等がコーディネート役として期待されます。医療的ケア児が学校で学ぶ意義を踏まえ，教師一人一人に求められる役割について，改めて考えを深めることが重要だと考えます。

［注］
*1　違法と思われる行為であっても，その行為が正当化されるだけの事情が存在か否かの判断を実質的に行い，正当化されるときには違法性が阻却されるという考え方。
*2　口腔内の喀痰吸引，鼻腔内の喀痰吸引，気管カニューレ内の喀痰吸引，胃ろうまたは腸ろうによる経管栄養，経鼻経管栄養。
*3　保健主事は，校長の監督を受け，小学校における保健に関する事項の管理に当たります。（学校教育法施行規則第45条第4項）

［文献］
菅野和彦（2023）医療的ケアに関する制度的な経緯及び近年の動向と課題．安藤隆男・藤田継道（編著）よくわかる肢体不自由教育 第2版，ミネルヴァ書房，92-95.
文部科学省（2023）令和4年度学校における医療的ケアに関する実態調査結果（概要）．
　https://www.mext.go.jp/content/20230830-mxt_tokubetu02-000028303_7.pdf

Practice

12 知的障害特別支援学校における 医療的ケア児に対する協働

事例ガイド

どこで	誰と	何について
知的障害／特別支援学校	担任，看護職員，保健主事	医療的ケア

 ここがポイント！

- 糖尿病で医療的ケアを要する生徒に対して，担任，看護職員が協働し自立活動の指導にあたることで，病気の理解とインスリン注射の手技の自立につながりました。
- 担任と看護職員の連携においては，保健主事がコーディネーターとなることで，協働の鍵となる相互理解と情報共有が円滑に行えるようになりました。

《関係する事例》Practice15

対象校・児童生徒の実態

- 本校は2019年4月に開校した知的障害特別支援学校で，小学部から高等部までの児童等約200名が在籍しています。中学部から入学してきたダウン症（中度知的障害）の生徒Aは，Ⅰ型糖尿病で血糖値測定とインスリン注射の医療的ケアが必要でした。当時，開校3年目の本校では，医療的ケアを要する生徒の在籍は初めてでした。加えて，県内でインスリン注射を医療的ケアとして実施することも初めてでした。そのため，医療的ケアの実施にあたっては，校内での十分な検討が必要でした。
- 医療的ケアの実施にあたっての検討の場は，日々の情報交換と，校内に設置された「医療的ケア安全委員会」です。保健主事*1 が中心となり，管理職，部主事，担任，看護職員の他，必要に応じて養護教諭や栄養教諭も加わり，学校での安全な医療的ケアの実施，自己注射に向けた支援の方向性等について話し合いを重ねています。

1．なぜこのような取組みに至ったのか

　生徒Aは小学6年生まで地元の小学校の特別支援学級に在籍し，保護者が給食前に小学校に出向き，インスリン注射を行っていました。入学前の教育相談や入学後の面談等で，自分で注射をする練習を行っていること，血糖値の測定が自分でできること，低血糖時に自分で訴えることができることがわかりました。また主治医からは，「インスリン量の確認など看護職員の見守りは必要だが，自分で注射ができるようにしていくことは問題ない」という助言をいただきました。卒業後の自立と社会参加に向けた選択肢を増やしていくためにも，保護者や糖尿病専門の看護師とも相談をしながら，少しずつ自分でできることを増やしていきたいと考えました。

2．チーム構成の詳細や工夫点

（1）関係者の概要

　看護職員は週4日勤務が1人，週1日勤務が1人という体制で，2人とも病院での勤務歴は長いですが，学校での勤務は初めてでした。担任3人も保健主事も，医療的ケアとしてインスリン注射に関わるのは初めてでした。

　医療的ケア実施のためのマニュアル等[*2]は看護職員と保健主事が中心となって作成しました。医療的ケアに関する保護者との面談は担任と保健主事が行いました。看護職員の主な役割は，インスリン注射時及び血糖値測定時の見守りと低血糖時の対応です。

（2）医療的ケアを実施していく上での視点

　安全に医療的ケアを実施していくことを第一に考えながらも，生徒Aにとっては，自分の身体のことや健康の維持に必要なことについて理解し，安全に注射を行うために必要な知識や技術を身に付けていくことも大切であると考えました。そのため指導にあたっては，自立活動の視点も踏まえて取り組んでいくことを，医療的ケア安全委員会で確認しました。また学校での様子を随時保護者に伝え，家庭での様子や，保護者の思いも確認しながら取り組んでいきました。

3．実施した内容

（1）自立活動の指導について

　担任から，保健主事を通して生徒Aのプロフィール，個別の教育支援計画，個別の指導計画を看護職員に提示し，特別支援学校では個別の指導計画等を作成して個に応じた指導を行っていくこと，自立活動という指導内容があることを説明しました。また，保健主事がコーディネーターとなって，担任，看護職員との話し合いの時間を設定し，生徒A

＊1　保健主事は，学校保健と学校安全に関する学校全体の活動において，調整及び管理の中心的役割を担う職員として，校内に1名配置されています。

＊2　手続きを進める上では，県教育委員会が発行している「医療的ケアハンドブック」を参考にしました。

の実態や課題についての情報共有を行いました。

その上で，初めて保護者と離れてインスリン注射を実施することを踏まえ，まずは生徒Aと保護者が安心して学校で実施できる環境を整えることと，生徒Aがどの程度の知識をもっているのか，どの程度自分で準備や注射，後片付け等ができるのかの実態把握を行いました。

これまで，保護者と生徒Aが丁寧に練習を重ねてきていたので，準備も注射も後片付けも一通り自分で行うことができることがわかりました。しかし，例えばインスリン注射前に行う，注射器の空打ちの向きが一定でなかったり（注射器内の空気を抜くため本来は上向きに行う），手指消毒をした後に他のものを触ってしまったりと，手順の意味が理解できていない部分もあるのではないか，ということもわかってきました。そこで，ただやり方を教えたり，パターンを決めたりするだけではなく，どうしてこの手順が必要なのかを生徒Aにわかりやすく伝えていく必要があるのではないかと考えました。

（2）指導の実際

自立活動の指導にあたっては，「自立活動の個別シート」[3]を活用し整理しました（図2-17）。目標①においては，病気の理解やインスリン注射の手技の自立に関する指導は個別性が高かったものの，自立活動の

*3　自立活動個別シート」は，担任3人と，保健主事で作成し，看護職員にも意見をもらいました。

	健康の保持	心理的な安定	人間関係の形成	環境の把握	身体の動き	コミュニケーション
実態	病名は知っているが，詳細については理解していない。 低血糖時の意思表示はできるが，対処は難しい。 注射は，見守り下でできるが，清潔操作など曖昧さがある。	低血糖への不安が大きい。 初めてのことや経験が少ないことに，苦手意識がある。 場や状況，活動内容によって，気持ちの浮き沈みがある。	集団の中で自分の考えや気持ちを伝えることが少ない。	言語のみの指示や説明だけで理解することが難しい時がある。		自分から支援を求めることが難しい。 自分の思いを言葉で上手く表現できない時がある。 状況に応じた言葉の使い方が難しい時がある。

目標	①自分の病気について知り，血糖値を気にしたり，注射の手技を身に付けたりすることができる。	②必要な場面で，自分の気持ち等を言葉で伝えることができる。

指導内容	教師や看護職員の見守りを受けながら，定時の血糖値測定や給食前の注射を自分で行う。	自分の病気や低血糖の状態・対処法を知り，自分でできる対応を行ったり，支援を求めたりする。	ロールプレイ等に取り組み，さまざまな表現方法や場面に応じた言葉の使い方を身に付ける。	伝言ゲームや借り物ゲーム等に楽しく取り組む課題を通して，自信をもって言葉で伝える練習を重ねる。

学校生活全般（担任）　　　自立活動の時間における指導・国語 他（担任）
医療的ケア実施時（看護職員）

図2-17　自立活動個別シート　　　　　　　　　　　（筆者作成）

時間における指導の中で十分な個別指導の時間を確保することは難しい状況でした。

そこで担任は定時での血糖値測定の定着，自分の血糖値の把握，症状に応じた対処，給食時の食事指導等，必要な場面において学校生活全体を通して指導を行いました。

看護職員は，基本的には血糖値測定時やインスリン注射時など，医療的ケア実施時に必要な助言[4]を行っていきました。インスリン注射は給食前にケアルームで看護職員と実施し，注射後はなるべく早く教室に戻って給食を食べる必要があるため，注射時に手順等が間違っていたり，気になる点があったりしても，その場で看護職員から丁寧に説明をする時間をとることは困難でした。そこで，簡単な内容であれば，その場で説明をしましたが，詳しい説明が必要であると考えたときには，放課後に看護職員，保健主事で情報を共有し，担任とも相談した上で，説明用のイラスト等を作成し，インスリン注射前に説明をしたり，昼休みに5分程度の時間をとって説明をしたりしました。

また，看護職員が生徒Aと関わる中で，どのように伝えたり対応したりしていいのかわからないことがあったときなどは，保健主事に伝えてもらい，保健主事から担任に伝えて相談をしたり，定期的に担任，看護職員，保健主事で情報共有の時間を設定したりしました。看護職員が生徒Aと関わるのは学校生活の中の一部の時間であるため，普段クラスでどのように過ごしていて，どのようなことが課題になっているのか，担任がどのように関わっているのかを知ることで，看護職員の迷いや不安を軽減していくことができました。

（3）情報共有ツール

情報共有ツールとしては，「健康チェックカード」と「看護日誌」を活用しました（図2-18）。

「健康チェックカード」は，家庭と学校双方の血糖値の推移やインスリンの単位数，低血糖の有無を把握することができ，それぞれの対応時に確認するツールとして役立ちました。

「健康チェックカード」は毎日家庭へ持ち帰るため，情報共有が必要な内容や記録の蓄積が必要な内容を看護職員が「看護日誌」に転記し，校内のネットワークを使用して，医療的ケア安全委員会のメンバーで共有できるようにしました。看護職員間の業務引継ぎ資料としても有効でした。

*4 看護職員が行う指導は，『こどもの糖尿病と治療』（浦上達彦編著，MCメディカ出版）を参考にしました。

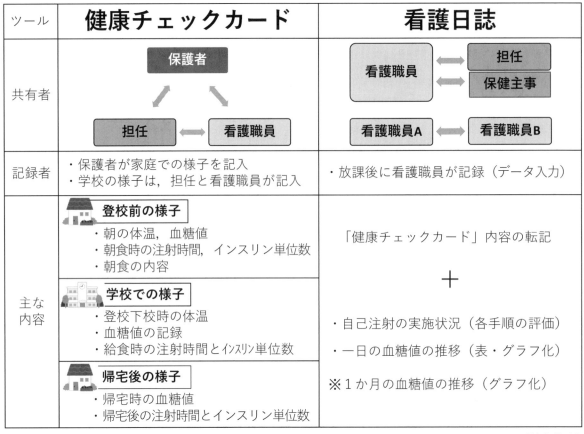

ツール	健康チェックカード	看護日誌
共有者	保護者 担任　←→　看護職員	看護職員　←→　担任／保健主事 看護職員A　←→　看護職員B
記録者	・保護者が家庭での様子を記入 ・学校の様子は，担任と看護職員が記入	・放課後に看護職員が記録（データ入力）
主な内容	**登校前の様子** ・朝の体温，血糖値 ・朝食時の注射時間，インスリン単位数 ・朝食の内容 **学校での様子** ・登校下校時の体温 ・血糖値の記録 ・給食時の注射時間とインスリン単位数 **帰宅後の様子** ・帰宅時の血糖値 ・帰宅後の注射時間とインスリン単位数	「健康チェックカード」内容の転記 ＋ ・自己注射の実施状況（各手順の評価） ・一日の血糖値の推移（表・グラフ化） ※1か月の血糖値の推移（グラフ化）

図2-18　関係者間の情報共有ツール　　　　　（筆者作成）

4．成果と課題
（1）保健主事の役割

　保健主事がコーディネーターとしての役割を果たすことで，担任と看護職員間の連携をよりスムーズに図ることができました。看護職員としての専門性や医療の立場から生徒Aにとって必要と考えることを，学校生活全体の中でどう取り入れていくかを自立活動の視点を軸に検討することで，看護職員，担任双方の意見のすり合わせがしやすく，一貫した指導を行うことができました。また保健主事がコーディネーターとして担任と看護職員の間に入ってやりとりをすることで，お互いの立場や考え方の理解につながりました。

　看護職員の勤務時間が15時45分までのため，放課後に担任との情報交換ができる時間はスクールバス発車後の15時15分～15時45分までの30分間に限られます。この時間帯は本来であれば担任の休憩時間にあたるため，必要に応じて看護職員の勤務時間を調整するなど，情報交換や自立活動の指導についての検討の時間の確保が必要と考えています。また保健主事が担任，看護職員双方の役割や専門性を理解し，中立的な立場で調整を図っていくことが大切であると考えます。

（2）自立活動の指導

担任，看護職員，保健主事等の関係者が協働して自立活動の指導に当たった結果，手順の意味を理解した上でのインスリン注射の手技の自立につながりました。手指消毒後に何かに触ってしまったときには，自分からもう一度手指消毒をしてから次の手順を行う姿も見られるようになりました。

今後は自分の血糖値の状態の理解（どのくらいの数値がよいのか，今の数値は高いのか，低いのか等）や食事量と血糖値の関係性の理解を進めていくことが自立した生活につながっていきます。このような指導を行っていくためには担任側にも専門的知識が欠かせません。担任の専門的知識を向上させていくためには，今後もより看護職員との連携を図っていく必要があると考えています。

知的障害特別支援学校では自立活動の時間における指導の中で，個別指導の時間を確保することが難しい状況がありますが，生徒Aにとって必要な指導の時間をどのように確保していくかが，今後の課題の一つです。

次の一歩

インスリン注射の手技が自立した生徒Aは，学校生活の様々な場面で血糖値や体調のこと等を担任や看護職員に話すようになり，自分の病気をより意識した生活を送るようになってきました。

生徒Aの次の目標は，血糖値の自己管理や低血糖対応，食事量の調整等に自分から意識を向けることです。保護者や主治医とも相談し，優先順位や達成度を考え，段階的に自立活動で指導するための準備を進めているところです。担任が看護職員からの情報を指導に生かせるようになってきたこと，看護職員は自身の職務や自立活動の指導における理解が進んできていることを踏まえ，今後は自立活動の時間における指導に，看護職員がサブティーチャーとして関わることも考えています。それぞれの専門性や立場を生かし，生徒Aに対する指導のより一層の充実を図っていければと考えています。

 病弱教育における教育の意義と課題

1．病弱児・身体虚弱児とは

　病弱特別支援学校には，病弱児や身体虚弱児と呼ばれる児童等が在籍しています。病弱とは，心身が病気のため弱っている状態をいい，身体虚弱とは，病気ではないが身体が不調な状態が続く，病気にかかりやすいといった状態をいいます（文部科学省，2014）。病弱，身体虚弱ともに医学用語ではなく，一般用語として使用されています。近年では，治療等の医療的な対応は特に必要とはしないものの，病気がちのため学校を欠席することが多い者で，医師から生活規制が継続して必要と診断された場合や頭痛や腹痛など，いろいろな不定の症状を訴える場合など，様々な背景をもつ児童等に対して，必要な教育が行われています。

2．病弱児の学び場

　病弱児（身体虚弱児を含む）の学びの場としては，他の障害種と同様に，特別支援学校，特別支援学級，通常の学級（通級による指導を含む）がありますが，院内学級*1や家庭等でも教育が行われています。また，病気の状態等によって，その学びの場が変化することが多いという点が特徴的です。図 2-19 には，そのような病弱児の多様な学びの場を示しています。近年では，医療の進歩等により入院期間は短くなっているため，比較的短期間で転校をしなくてはならなかったり，転校を繰り返したりする児童等もいます。

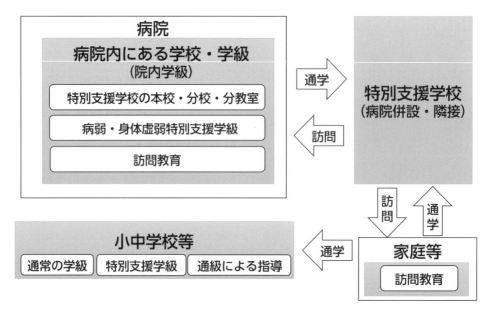

図 2-19　病弱教育における多様な学びの場
（全国特別支援学校病弱教育校長会，2020 を参考に筆者作成）

3．病弱児の困難さと教育の意義

　病弱・身体虚弱に伴う学習上や生活上の困難は，個々によって異なりますが，その一般的な傾向として，学習面では，入院治療による長期間の欠席をはじめとし，治療に伴う欠席や遅刻等により，学習に空白ができてしまうことや学習時間や学習内容の制限があること，それらに伴って集団活動や経験が不足してしまうこと等が指摘されています（日本育療学会，2022）また，生活面では，食事に関わる制限や身体活動の制限，それらに伴う経験の不足や偏りが考えられます。特に，長期にわたる入院や在宅での療養を行っている子供たちは様々な困難を抱えることも少なくありません。そのため，病弱・身体虚弱児を対象とした教育においては，児童等の実態や学びの履歴について適切に把握し，学習内容を精選，重点化した指導をする必要があります。また，保護者や医療関係者，転学先の教師等の学校関係者等との日常的な協働が欠かせません。特に，学校関係者との協働では，入院中に通学していた学校と退院後に通う学校間の学習内容や児童等の状態に関する情報交換，共通理解をはかることで，児童等が安心して学習を継続することができるようになります。

　病弱児は，病気を抱えながら長期にわたって治療を継続しています。このことは，児童等にとって，とても大きなストレスです。常に不安や心配，恐怖，疎外感を抱えながら生活しています。このような心の状態に寄り添いながら，どのような病気であっても，安心して学校教育が継続できるようにすることが重要です。Practice13 では，短期間で転校する児童等の学びを途切れさせないように，個別の指導計画を活用した学校間の協働の工夫について紹介します。

[注]
＊1　院内学級という用語は法令等で定義されているものではありません。一般的に病院内に場所を設置し，学習が展開されている場合に，院内学級と呼ばれています。特別支援学校として設置されている他，小・中学校の特別支援学級として設置されている場合もあります。

[引用文献]
日本育療学会（2022）標準「病弱児の教育」テキスト改訂版．ジアース教育新社．
文部科学省（2014）教育支援資料 5．病弱
　https://www.mext.go.jp/component/a_menu/education/micro_detail/__icsFiles/afieldfile/2014/06/13/1340247_10.pdf
全国特別支援学校病弱教育校長会（編著）深草瑞世（監修）（2020）特別支援学校学習指導要領等を踏まえた病気の子供のための教育必携．ジアース教育新社．

Practice

13 学校間の引継ぎに関わる協働

事例ガイド

どこで	誰と	何について
病弱／院内学級	通常学級教師	引継ぎ

ここがポイント！

●院内学級に短期入院（概ね1〜4か月程度）する児童等の退院後に向けた円滑な引継ぎをするにあたり，個別の指導計画の書式の作成・活用に焦点を当てています。
●授業を充実させるために，いかに個別の指導計画を簡略化し，さらに活用できるものにしていくかを考えた取組みを紹介しています。
《関係する事例》Practice15

対象校・児童生徒の実態

●A県立B病弱特別支援学校では，児童等が病気を治しながら学習できるように，個の実態に応じて準ずる教育課程，知的代替の教育課程，自活主の教育課程を編成しています。授業形態として，「学校の教室で行う指導」「床上で行う指導」「教師が訪問して行う指導」「院内学級で行う指導」があります。院内学級は，近隣の大学病院に入院する児童等に対して，本校の教師が病院内の部屋を使って学習を行う形態です。
●本校の院内学級に在籍する児童等は，1〜4か月の短期入院が多いです。交通事故による骨折などの外傷が多く，手術や入院に至る過程で，心理的に不安定な状態になっていたり，前籍校での教科学習の遅れに心配を抱いたりしている児童等も多くいます。

1．なぜこのような取組みに至ったのか

　院内学級[*1]の個別の指導計画は，A県立B病弱特別支援学校（以下，本校）と同様の書式と手続きで作成，活用されていました。その内容は，概ね3年間を見通した保護者や児童等の願い，実態把握，年間目標，前期・後期目標，指導内容などの情報が記載されており，6ページの分量がありました（図2-20）。この個別の指導計画を院内学級において作成，活用した際に，以下の3点について課題がありました。

*1　Lecture13を参照。

*2　見直し前の個別の指導計画は，各教科等や自立活動について記載項目が細分化されており，さらにそれぞれの分量も多く，全部で6ページに及ぶものでした。

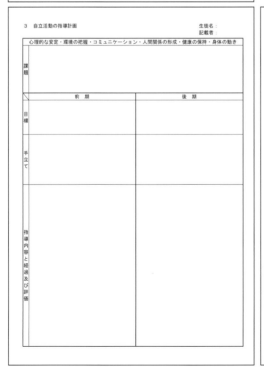

図2-20　見直し前の個別の指導計画（一部）[*2]

　1点目は，個別の指導計画を運用する想定の期間です。院内学級の個別の指導計画は，児童等の入院期間（概ね1〜4か月の短期間）が運用期間となります。しかし，本校の個別の指導計画は，院内学級以外の長期間在籍する児童等に適した1年間の運用期間を想定しているため，院内学級の児童等にとっては，不要な情報が多く，活用しにくいといった課題がありました。

　2点目は，個別の指導計画の記載内容についてです。特に，個別の指導計画に記載されている学習評価については，実施した学習内容のごく一部であり，全てを網羅することができませんでした。そのため，どこまで実施したのか，その評価はどうであったのかが前籍校の学級担任にうまく伝わらない記載内容となっていました。

　3点目は，個別の指導計画の作成時間の確保です。院内学級の担当者は，8時半過ぎに学校を出発し，院内学級のある大学病院で授業を行い，16時半過ぎに帰校します。帰校後は，次の日の授業や教材の準備，週案などの事務処理や分掌の仕事に追われます。退勤時間が迫る中で，個別の指導計画を作成する時間的な余裕はありませんでした。個別の指導計画は，作成した後，校内で確認，決裁を受けるという手続きを踏む必要があります。作成に時間がかかり，決裁が下りる頃には，すでに退院に向けた動きが始まるという状況となってしまったり，実態把握から目標設定をしている間に退院してしまうこともありました。いかに短期間で個別の指導計画を作成できるかも重要な検討課題でした。

2．チーム構成の詳細や工夫点
（1）個別の指導計画の記載内容の見直し
　院内学級に在籍する児童等の多くは，小・中学校の通常の学級から一時的に転校してきます。そのため，児童等の指導について引き継ぐ相手は，通常学級教師が多くなります。通常学級教師の中には，個別の指導計画についてあまり詳しくない先生も多いです。そのため，細かい記載がされている個別の指導計画を渡しても，活用しづらいことが考えられました。合わせて，事務的な業務量の削減の観点から記載内容を精選する必要がありました。記載内容については，引き継ぐ先の通常学級教師が何を知りたいのかを優先して見直しました。

（2）学びの連続性を意識した学習の保障
　児童等が前籍校に戻ったときに大幅な学習の遅れがないように，前籍校に準拠した形でできる限り学習の保障をしていくことを考えました。そのため，前籍校の教科書を使用し，前籍校の進度に合わせて行うよう指導しました。ただし，児童等から前籍校での学習を遡って教えてほしいという希望があった場合，保護者の了解をとり，前籍校にその旨を伝えて実施するようにしました。

3．実施した内容
（1）個別の指導計画の作成・活用上のルール

　個別の指導計画を見直すにあたり，短期入院する児童等の学習状況を前籍校へつなぐという視点を大切にしていこうと考えました。その視点から，個別の指導計画の作成・活用上のルールを作り，それに基づいて見直しを図りました。

　本校の院内学級の児童等の入院理由は，不慮の事故や怪我が中心で，入院や退院を繰り返さない一過性のものであることが多いです。そこで，院内学級用の新たな個別の指導計画の書式を活用していくにあたり，以下①〜④のルールを作りました。

①突発的な事故や病気によって，短期間の入院（概ね1〜4か月程度）をし，今後は入院や退院を繰り返さない児童等を対象とする。

②前籍校の教科書を使用する。したがって，転入時，前籍校の学級担任より学習進度を確認し，学習空白を作らないように準拠した授業内容を実施する。

③転出時の引継ぎ資料とする。院内学級で実施した学習内容と進度，様子，評価を全て記入するものとし，前期・後期の項目を設けないこととする。

④長期間の入院者や通知表を渡す時期に在籍する児童等については，管理職と相談の上，本校の個別の指導計画の書式を使用する。

　ルールの中で，特に，上記③に重点を置きました。前籍校の学級担任が知りたいことは，院内学級で実施した単元（題材）とそれに対する児童等の理解度であると判断したためです。それを個別の指導計画に落とし込めば，活用してもらえると考えました。このようなルール化は，管理職からの理解を得られやすく，院内学級用の新たな個別の指導計画の書式として，管理職の許可のもと活用していきました。

（2）院内学級用の個別の指導計画の書式の作成

　前項のルールに基づいて，院内学級用の個別の指導計画の書式を作成しました（図2-21）。この書式は，主に，学習内容，目標，評価などを記載した内容としました。実施した学習内容や評価は全て記載することとし，児童等が前籍校に戻った際に，生きた（活用される）個別の指導計画となるようにしました。特に，評価については，学習の進度や様子を含む記載になったため，どこまでできて，どこができていないかなど，その書きぶりが大きく変わりました。また，院内学級で実施した学習内容やその評価が伝わりやすいように，要点を絞って記載することができました。

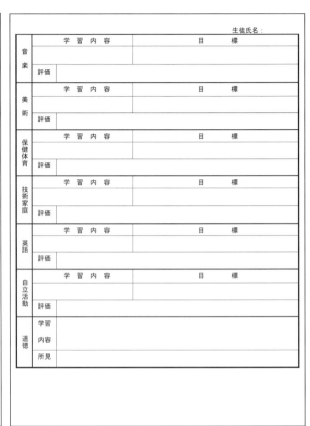

図 2-21　見直し後の個別の指導計画

4．成果と課題

　個別の指導計画の書式（院内学級用）の作成と活用を通して，2つの成果と課題がありました。

　成果の一つは，個別の指導計画の作成上の負担感の軽減についてです。院内学級用の個別の指導計画を用いて，目標から評価を作成した結果，物理的な記述量を削減することや作成時間を短縮することができました。また，退院の目途がつく前に，学習内容や目標を記載した個別の指導計画の作成が終わり，退院直後に評価を含めた個別の指導計画を前籍校の学級担任に渡す準備ができました。そのことで，退院直後の円滑な情報提供につながりました。この成果から，作成した個別の指導計画が活用されている実感をもつことができ，心理的な負担感の軽減にもつながったと感じました。

　もう一つは，個別の指導計画に記載する児童等の学習評価についてです。学習評価は，進度，様子を含めて記載したことで，結果としての到達点のみではなく，学習の過程を合わせた形で記載しました。どのような学びを経てその評価に至ったのか，という学習の中身を明確にすることができました。このような学習評価の捉え方で，入院期間中の学習の成果を前籍校の学級担任に引継ぐことができました。学習の場所が変わっても円滑な引き継ぎができたことで，学びの連続性を担保すること

につながりました。

　今回の取組みは，児童等の学びの場が変わっても円滑に学習を積み重ねていくための一つの方法として，個別の指導計画を取り上げました。しかし，引継ぎ資料として個別の指導計画を活用していく意味合いが強く，本来の授業づくりのツールとしての側面が薄いものとなりました。今後は，院内学級の担当者が授業づくりにおいて，個別の指導計画を活用していく中での改善点をあげることが課題であると考えます。また，1〜4か月程度の短い期間であっても授業力の向上を図るツールとしての個別の指導計画の活用事例をあげていくことが今後の課題であると考えます。

次の一歩

　今回の取組みは，院内学級担当者の業務負担の軽減から始まりました。個別の指導計画の書式を変更することは労力がかかりますが，やるからには院内学級の子供たちの授業を充実させたいという想いが，今回動き出した決め手となりました。

　個別の指導計画の「評価」について，評価に至る学習の過程を含めた内容を「評価」として採り入れたことで，結果として，児童等の学びの連続性を担保することにつながりました。この経験を踏まえて，児童等の実態や前籍校の学級担任の実情から，今後の児童等の学習につながるツールを見直していく重要性を認識しました。

第3章

「地域」を基盤とした教師と関係者との協働

第1節 生涯にわたる一貫した教育・支援の重要性

1. 福祉制度の概要と関係者の協働

（1）障害児者に関わる福祉制度

　障害児者に関わる福祉制度は，1948年に施行された児童福祉法において，「全て児童は，児童の権利に関する条約の精神にのつとり，適切に養育されること，その生活を保障されること，愛され，保護されること，その心身の健やかな成長及び発達並びにその自立が図られることその他の福祉を等しく保障される権利を有する」と位置づけられました。その後，2006年施行の障害者自立支援法，2013年施行の障害者総合支援法（障害者自立支援法から改題）にあわせて各種の制度改正が行われてきました。

　地方公共団体が主体となり実施する各種支援の一つは，市町村が実施している障害児通所支援です。児童発達支援，医療型児童発達支援，放課後等デイサービス，保育所等訪問支援がこれに該当します。もう一つは都道府県が実施している障害児入所支援です。福祉型障害児入所施設と医療型障害児入所施設が該当します。

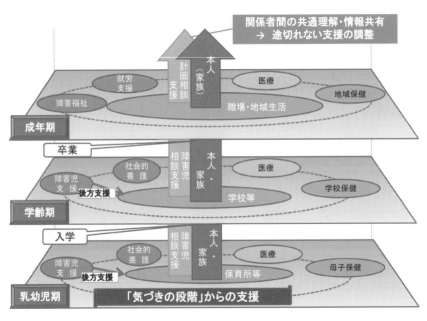

図 3-1　地域における「縦横連携のイメージ」

（厚生労働省，2014，参考資料より転載）

146

　「今後の障害児支援の在り方について（報告書）～「発達支援」が必要な子どもの支援はどうあるべきか～」（厚生労働省，2014）では，障害児支援を子育て支援の一環としてさらなる充実をはかるために，障害児通所支援や障害児入所支援の枠にとどまらず，他制度との連携を積極的に図っていくことの重要性を指摘しています。具体的には，ライフステージに応じた切れ目の無い支援の推進（縦の連携）と関係者間のスムーズな連携の推進（横の連携）です（図3-1）。障害児者や家族のライフステージに沿って，医療，福祉，教育等の関係諸機関がチームとなって支援を行うことが重要です。

（2）各種計画を活用した関係者間の協働

　本人やその家族を中心として，様々な関係者が協働するためには，図3-2のように他者に依存するだけではなく，自らの役割を明確に意識した上で水平的な関係を保って具体的な支援を担当することが重要です（厚生労働省，2014）。関係者それぞれが研鑽を積み，自身の専門性を高めていくとともに，お互いの専門性について理解し，尊重し合い，協働していかなくてはなりません。その際には，各関係者が作成する様々な計画の活用が重要になるでしょう。「障害福祉計画・障害児福祉計画」は，障害福祉サービス等の提供体制及び自立支援給付等の円滑な実施を確保することを目的として市町村・都道府県が作成します。また，「障害児支援利用計画」は，障害児通所支援を利用する児童に対して，課題や援助方針を踏まえ，適切なサービスの組み合わせを検討し作成される計画です。この計画には，本人の解決したい課題，支援方針，必要なサービスの種類と量などが記載されます。「個別支援計画」は，障害福祉サービス事業を行う事業者が作成する，利用者の意向，適性，障害の特性その他の事情を踏まえた計画です。また，学校においては，

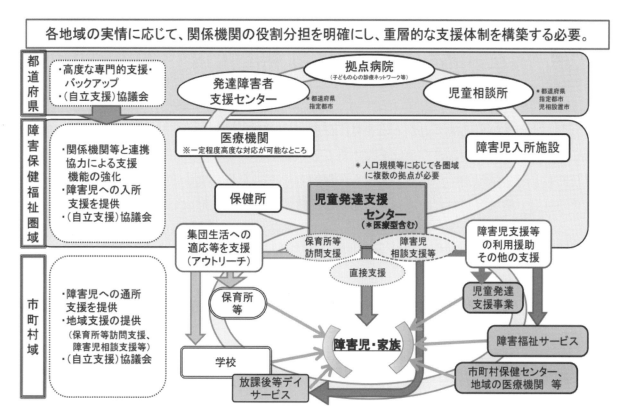

図3-2　障害児の地域支援体制の整備の方向性のイメージ

（厚生労働省，2014，参考資料より転載）

長期的な視点で乳幼児期から学校卒業後までを通じて一貫して的確な支援を行うことを目的とした「個別の教育支援計画*1」が作成されています。様々な計画やツールを効果的に活用し，関係者間の情報共有を進め，障害児者やその家族のライフステージに応じた一貫した支援の実現に努めていかなくてはなりません。なお，在学中における各種計画を活用した福祉機関の関係者との協働についてはLecture15及びPractice15にて取り上げます。

2．就学制度と多様な学びの場

（1）障害のある児童等の就学制度の変遷

　現在，障害のある児童等の学びの場は，特別支援学校，特別支援学級，通級による指導，通常の学級と多様にあります。ここでは，障害のある児童等の就学の在り方に関する制度がどのように変遷したのかについて，学校教育法施行令の改正に着目して説明します。

①学校教育法施行令の一部を改正する政令

　本政令が成立する以前では，一定の障害のある視覚障害者等については例外なく盲学校，聾学校又は養護学校（特別支援学校）に就学することとされていました。

　2002年に改正された本政令では，就学基準が医学や科学技術の進歩等を踏まえた内容に見直されるとともに，就学基準に該当する児童等においても，市町村の教育委員会が小・中学校において適切な教育を受けることができる特別の事情があると認める者は，認定就学者として小・中学校に就学できる認定就学制度を導入しました。また，その際には，障害のある児童等の就学に関する専門的知識を有する者の意見の聴取を市町村の教育委員会に義務付けることとし，専門家からなる就学指導委員会を設置することや就学指導にあたっての留意事項として保護者の意見を聴いた上で就学先を総合的な見地から判断することが大切であることを通知しています。

②学校教育法施行令の一部を改正する政令〜合意形成を基にした新たな就学制度〜

　その後，2007年の学校教育法施行令改正により，保護者からの意見聴取の義務付けを新たに規定するとともに，2012年の「共生社会の形成に向けたインクルーシブ教育システム構築のための特別支援教育の推進（報告）」において，「障害の状態，教育的ニーズ，保護者の意見や教育学，医学，心理学等専門的見地からの意見，学校や地域の状況等を市町村教育委員会が総合的に判断して就学先を決定するよう手続を改めることが適当であること」「市町村教育委員会が，本人・保護者に対し十分情報提供をしつつ，本人・保護者の意見を最大限尊重し，本人・保護者と市町村教育委員会，学校等が教育的ニーズと必要な支援について合意形成を行うことを原則とし，最終的には市町村教育委員会が決定することが適当である」ことが示されました。

　2013年の「学校教育法施行令の一部改正について（通知）」では，「特別支援学校就学者に当たるかどうかを判断する前に十分な時間的余裕をもって行うものとし，保護者の意見については，可能な限りその意向を尊重しなければならないこと」，地方公共団体に対しては「障害者である児童及び生徒並びにその保護者に対し十分な情報の提供を行うとともに，可能な限りその意向を尊重しなければならない」ことを通知しています。このような体制整備の結果，現在では，学校教育法施行令第22条の3の規定はあくまでも目安であり，本人や保護者の意向を最大限尊重したうえで，関係者の合意形成をはかることになっています。

　令和4年度の小学校新1年生の中で，学校教育法施行令第22条の3の規定に該当すると判断された児童のうち，34.2%が公立の小学校に就学しているなど（文部科学省，2024），障害の程

度が比較的重い児童等の学びの場も，個々の実情に即して柔軟に選択され始めています。そのため，現在においては，様々な学びの場における学校間，関係機関間の協働が欠かせないのです。

　なお，就学前の関係者間の協働について，Lecture14及びPractice14にて取り上げます。

（2）インクルーシブ教育システムの促進

　障害のある者と障害のない者がともに学ぶ仕組みであるインクルーシブ教育システムは，世界的に目指すべき教育課題の一つです（第一部第1章参照）。障害のある者が教育制度一般（general education system）から排除されず，自己の生活する地域において初等中等教育の機会が与えられるもので，個人に必要な「合理的配慮」が提供されることが前提となります。我が国においても，障害のある児童等と障害のない児童等が，できるだけ同じ場でともに学ぶことを目指すべき方向性での体制整備を進めています。以下では，我が国におけるインクルーシブ教育システム構築に向けた体制整備について説明します。

①連続性のある「多様な学びの場」の整備

　インクルーシブ教育は，単なる場の共有だけではなく，その場における教育の質の担保が欠かせません。授業内容がわかり，実感・達成感を持ちながら，充実した時間を過ごすことが最も本質的な視点です（文部科学省，2012）。その場において，障害のある子供たちが学習についていけずに置き去りにされてしまう状況があっては意味がありません。そのため，我が国においては，個々の実情により，学ぶ場は異なることがあったとしても，誰もがどこでも同じ教育（教育制度一般）にアクセスできる制度として，連続性のある「多様な学びの場」の整備を進めています。個々の教育的ニーズに応じた，適切な教育の場において，誰もが教育制度一般（general education system）にアクセスできる体制整備を進めているのです。

②学校教育法施行令第22条の3の規定に該当する児童等の学びの場

　文部科学省（2024）によると，学校教育法施行令第22条の3の規定に該当すると判断され，小・中学校に就学した児童等のうち，小学校では91.2％，中学校で91.7％が特別支援学級に在籍している一方で，通常の学級に在籍する割合は小学校で8.8％，中学校で8.3％であることが報告されています。さらに通常の学級に在籍する児童等のうち，通級による指導を受けている者は小学校で1.3％，中学校で0.7％であるとされます。通常の学級に在籍する学校教育法施行令第22条の3の規定に該当する児童等のほとんどが通級による指導を受けていないということになります。これは必ずしも特別な支援を全く受けていないということにはなりませんが，比較的障害の程度が重い児童等において，自立活動の指導をはじめとした個別的な指導や支援を受けられていない児童等が一定数いることは明らかでしょう。必要な支援が行き届かず，場だけが共有され，個々の学びが保障されていないのであれば早急に解決しなくてはならないことです。今後は，このような児童等が必要な指導や支援を受けることができるようにしなくてはなりませんし，引き続き一人一人に適切な場を用意するとともに，それぞれが独立するのではなく，「連続性」があり，柔軟に学びの場をかえることができる仕組みづくり，そして関係者の協働が必要です。

③基礎的環境整備と合理的配慮

　インクルーシブ教育システムの促進にあたり，基礎的環境整備と合理的配慮の提供は欠かせません。「共生社会の形成に向けたインクルーシブ教育システム構築のための特別支援教育の推進（報告）（文部科学省，2012）」では，合理的配慮を以下のように定義し，さらに合理的配慮を提

供するにあたっての基礎的な教育環境の整備を基礎的環境整備と呼んでいます。なお，合理的配慮の否定は，障害を理由とする差別に含まれることに留意する必要があります。

障害のある子どもが，他の子どもと平等に「教育を受ける権利」を享有・行使することを確保するために，学校の設置者及び学校が必要かつ適当な変更・調整を行うことであり，障害のある子どもに対し，その状況に応じて，学校教育を受ける場合に個別に必要とされるものであり，学校の設置者及び学校に対して，体制面，財政面において，均衡を失した又は過度の負担を課さないもの

　合理的配慮は，一人一人の障害の状態や教育的ニーズ等に応じて決定されるものであり，設置者・学校と本人・保護者により，可能な限り合意形成を図った上で決定し，提供されることが望ましいものです。合理的配慮の提供においては，障害のある児童等が在籍している学校や学級において，十分な教育を受けることができているのかについて，個別の教育支援計画や個別の指導計画を活用し，評価して見直していくことが重要です。また，学びの場を移行する際には，丁寧な引継ぎを行い，連続性のある支援を提供する必要があります。

3．障害者の社会自立に向けた取組み
（1）障害者の就労
　これまで必ずしも十分に社会参加できるような環境になかった障害者等が，積極的に参加・貢献していくことができる社会である「共生社会」の実現は大きな課題であり，その実現において，注目すべきは障害者の社会参加・社会自立です。2006年12月の国連総会において採択された障害者の権利に関する条約（障害者権利条約）の第27条においては，障害者の労働及び雇用に関する条項として，「あらゆる形態の雇用に係るすべての事項（募集，採用及び雇用の条件，雇用の継続，昇進並びに安全かつ健康的な作業条件を含む。）に関し，障害を理由とする差別を禁止すること」が規定されています。我が国も，同条約を批准し，障害者雇用促進法の一部改正等の整備を進めてきました。
　障害者雇用促進法では，事業主に対して常時雇用する従業員の一定割合以上の障害者を雇うことを義務付けています。義務付けられた障害者の雇用率は「法定雇用率」と呼ばれ，民間企業の場合は2.5％（2024年4月時点）とされます。今後，2026年7月には2.7％と段階的に引き上げられることが決定しています。障害者の実雇用率（実際の障害者雇用率）は年々増加傾向にありますが，それでも2023年は2.3％であり，法定雇用率を達成した企業は50.1％です（厚生労働省，2023）。このように，企業が障害者の雇用に慎重になっている背景には，障害者が働くことについての具体的なイメージを描くことができないことや，障害者への誤った認識による過剰な配慮や設備投資を懸念していることなどが考えられます。障害者への正しい理解が進むことで，働きたくても働くことができない障害者を減らすことができるようになるかもしれません。また，適切な理解に基づく基礎的環境整備や合理的配慮の提供，適切なOJT等があれば，中長期的に企業等で労働できる人も増えるはずです。
　兼田・井澤・池田（2023）は，中小企業の経営者が障害者雇用に至った要因について，《障害児者との出会い》や《知る機会》を挙げ，特別支援学校と企業が関係性や連携を深めていくことの重要性を指摘しています。「障害者の就労支援対策の状況（厚生労働省）」によると，2020年

における一般就労への移行の現状では，特別支援学校から一般企業への就職が約32.0％，就労系障害福祉サービスの利用が約31.4％となっています。就労系障害福祉サービスから一般企業への就職は，年々増加していますので，特別支援学校においては，企業との連携とともに，就労系障害福祉サービスとの協働も欠かせないことがわかります。特別支援学校が地域とつながることで，障害者の社会自立に向けた取組みが一層充実するでしょう。

（2）特別支援教育におけるキャリア教育

　児童等の自立と社会参加に向けたキャリア教育[*2]は重要ですが，様々な課題も指摘されています。2011年の「今後の学校におけるキャリア教育・職業教育の在り方について（答申）（文部科学省，2011）」では，仕事や職業に必要な力を学校教育の中でどのように育成するのかが十分明確にされていないことや，教師の職業に関する教育についての認識不足を課題として挙げています。また，キャリア教育の意図が十分に理解されず，指導場面が曖昧にされていることや，狭義の意味での「進路指導」と混同され，体系的な指導が行われてこなかったことについても指摘されています（文部科学省，2018）。答申では，キャリア教育・職業教育において重要とされる能力について，基礎的・汎用的能力として，「人間関係形成・社会形成能力」「自己理解・自己管理能力」「課題対応能力」「キャリアプランニング能力」を掲げています（文部科学省，2011）。特別支援学校においても同様に児童等が自ら将来について考え，社会的自立に向けて必要な基礎的・汎用的能力を身につけていかなければなりませんし，学校の教育活動全体を通した体系的・組織的なキャリア教育を行う必要があります。特別支援学校においては，キャリア教育を進めるにあたり，特に家庭・保護者の役割やその影響の大きさを考慮し，小学部から高等部へのつながりを深め，個別の教育支援計画を活用し，共通理解を図りながら進めることが重要です。

　なお，就労に向けた取組みは，Lecture16及びPractice16にて取り上げます。

[注]
＊1　個別の教育支援計画の作成にあたっては，本人及び保護者の意向や将来の希望などを踏まえ，在籍校のみならず，例えば，家庭，医療機関における療育事業及び福祉機関における児童発達支援事業において，実際にどのような支援が必要で可能であるか，支援の目標を立て，それぞれが提供する支援の内容を具体的に記述し，支援の内容を整理したり，関連付けたりするなど関係機関の役割を明確にすることとなります（文部科学省，2017）。
＊2　キャリア教育については，文部科学省が「小学校キャリア教育の手引き（2022年3月）」「中学校・高等学校キャリア教育の手引き（2023年3月）」等を作成し，その充実をはかっています。

[文献]
兼田怜佳・井澤信三・池田浩之（2023）中小企業における障害者雇用の促進につながる契機や要因についての研究－小規模企業の経営者へのインタビュー調査をもとに－．兵庫教育大学学校教育学研究, 36, 131-141.
厚生労働省(2014)今後の障害児支援の在り方について(報告書)～「発達支援」が必要な子どもの支援はどうあるべきか～.
厚生労働省（2023）令和5年　障害者雇用状況の集計結果.
厚生労働省（2020）障害者の就労支援対策の状況 1 障害者に対する就労支援.
　https://www.mhlw.go.jp/stf/seisakunitsuite/bunya/hukushi_kaigo/shougaishahukushi/service/shurou.html
文部科学省（2005）特別支援教育を推進するための制度の在り方について（答申）.
文部科学省（2011）今後の学校におけるキャリア教育・職業教育の在り方について（答申）.
文部科学省(2012)共生社会の形成に向けたインクルーシブ教育システム構築のための特別支援教育の推進（報告）.
文部科学省（2017）小学校学習指導要領（平成29年告示）解説総則編.
文部科学省（2018）特別支援学校小学部・中学部学習指導要領解説総則編.
文部科学省（2024）特別支援教育資料（令和4年度）.

就学前における教師と関係者との連携・協働

第 **2** 節

Lecture 14　就学前の協働における現状と課題

　就学先を決定するにあたっては，乳幼児期からのきめ細やかな就学相談の実施や，保護者への十分な情報提供が求められます。就学前施設の概要と保護者への情報提供に関わる仕組みについて概説していきます。

1．就学前施設等の概要

　幼児期の教育及び保育が生涯にわたる人格形成の基礎を培う重要なものであることや，小学校就学前の子供の教育及び保育に対する需要が多様なものとなっていることを踏まえて，地域における創意工夫や就学前の子供に対する教育・保育，保護者に対する子育て支援の充実が求められています（就学前の子どもに関する教育，保育等の総合的な提供の推進に関する法律）。

　就学前施設には，幼稚園・保育所・幼保連携型認定こども園が主にあげられますが，障害のある子供の中には，上記以外の機関も含め，複数の機関を利用している場合があります。就学前教育・保育を担う幼稚園，保育所，幼保連携型認定こども園の立場であっても，就学時に受け入れる側の小学校や特別支援学校の立場であっても，障害のある子供に関わる機関について，一定の理解をもつことは重要であると考えられます。

　ここでは，児童発達支援センターと保育所等訪問支援の2つについて概説します。

2．児童発達支援センターとは

　児童発達支援センターは，2012 年の改正児童福祉法の施行により創設されました。児童発達支援センターは，主に未就学の障害児の発達支援を担っており，地域における中核的役割を果たすことが求められています。障害児通所支援について，2012 年の改正法において障害児や家族にとって身近な地域で必要な発達支援を受けられるよう，障害種別毎に分かれていた給付体系をできる限り一元化されましたが，一般の「児童発達支援事業所」との役割分担が明確でない点や，「福祉型」と「医療型」（肢体不自由児を対象）に分かれ，障害種別による類型となっている状況などが指摘されていました。2024 年4月1日に施行された児童福祉法等の一部を改正する法律では，①児童発達支援センターが，地域における障害児支援の中核的役割を担うことを明確化し，②児童発達支援センターの類型（福祉型・医療型）の一元化を行うこととなりました（図 3-3）。①に示した「中核的役割」として「幅広い高度な専門性に基づく発達支援・家族支援機能」，「地域の障害児通所支援事業所に対するスーパーバイ

ズ・コンサルテーション機能（支援内容等の助言・援助機能）」，「地域のインクルージョン推進の中核としての機能」，「地域の障害児の発達支援の入口としての相談機能」が示されています。

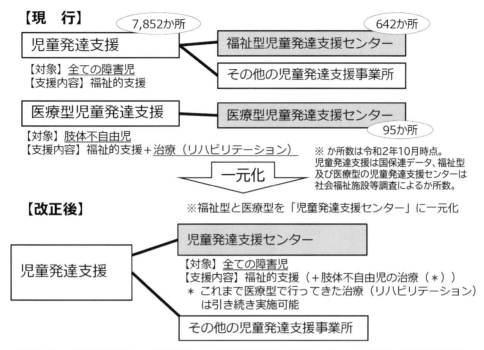

図3-3　児童福祉法一部改正による児童発達支援センターの役割・機能の強化

（子ども家庭庁，2023をもとに作成）

3．保育所等訪問支援とは

　保育所等訪問支援は，既出の改正児童福祉法により創設された支援です。事業所に所属する障害児の支援に関する知識，技術，経験を有する訪問支援員が保育所や幼稚園，認定こども園，学校，放課後児童クラブなど集団生活を営む施設を訪問し，対象児に対して集団生活への適応のために専門的な支援を直接的に行う直接支援と，対象児の通う学校等の教師らに対して支援方法等に関する情報提供や助言等を行う間接支援とがあります（大村・森地，2018）。なお，保育所等訪問支援は一般子供子育て施策や教育の現場に入り込んで行うアウトリーチ型の発達支援事業であり，訪問先施設からではなく保護者からの依頼に基づく事業です。これは，障害児保育の巡回指導や教育分野における専門家派遣などとは大きく異なる点であり，保護者の権利保障として提供される事業であると理解しておくことが重要なポイントになります（全国児童発達支援協議会，2017）。

　従来は，就学前段階から教育への移行に伴う情報の共有やフォローアップは各従事者の取組みに依存するところが大きく，取組み自体も支援情報の共有等間接的な支援にとどまることが多くありました。今後は，療育における発達課題や支援内容の学校への引継ぎに保育所等訪問支援を活用し，就学前から教育への移行期における連携が進展することが期待されています（大村・森地，2018）。

［文献］
子ども家庭庁（2023）令和4年改正児童福祉法に基づく検討状況等について．支援局障害児支援課令和5年9月7日.
大村美保・森地徹（2018）教育と福祉・医療・労働との連携．小林秀之・米田宏樹・安藤隆男（編）特別支援教育−共生社会の実現に向けて−．ミネルヴァ書房，169-177.
全国児童発達支援協議会（2017）保育所等訪問支援の効果的な実施を図るための手引書．厚生労働省平成28年度障害者総合福祉推進事業.

14　小学校における就学支援の協働

事例ガイド

どこで
知的障害／
特別支援学級（小学校）

誰と
小学校，就学前施設職員，
保護者

何について
就学支援

ここがポイント！

- 就学前の子供に関わる各機関と就学先である学校が情報交換を密に行うことで，親子ともに安心して小学校の入学を迎えられたことと，小学校という新しい環境でも早い時期から落ち着いて学校生活を送ることができました。
- 小学校での生活や学習に必要な力を，小学1年生の早い時期に育てられるように，必要な情報を就学前に得ることができました。

《関係する事例》Practice10

対象校・児童生徒の実態

- A 市立 B 小学校の特別支援学級を対象としました。A 市は，約 68 万人の人口規模の政令指定都市です。全校児童数 860 人強の市内でも有数の大規模校です。近年，A 市では，特別支援学級の対象児童は毎年約 100 人ずつ増加しており，B 小学校も複数の特別支援学級（自閉・情緒障害特別支援学級と知的障害特別支援学級）があります。学区内には，公立こども園，私立幼稚園，認定こども園等の就学前に関係する施設が多くあります。
- B 小学校の特別支援学級に在籍する児童は，市内の公立こども園，幼稚園，児童発達支援センターから就学しています。公立こども園に在籍していた児童のほとんどが加配職員についてもらい園生活を送っていました。2013 年 9 月の学校教育法施行令の一部改正により就学先決定の仕組みが改正され，児童の障害の程度は様々です。

1．なぜこのような取組みに至ったのか

特別支援教育の対象となる児童は年々増加傾向にあります。就学先決定の仕組み[*1]が改正されたことにより，特別支援学級に入学してくる児童も，これまでとはまた違う様相を見せています。特別支援学級で長年指導してきた教師でも，指導に悩むことも出てきています。また，小学校と就学前施設との間で公開保育[*2]をして児童の実際を見る機会もありますが，特別支援教育に長けている職員が参観に行くとは限らないので，児童の情報を収集できず，入学してみて対応に苦慮することもありました。特別支援学級に在籍する児童は，新しい環境に慣れるまでに時間がかかる場合が少なくありません。本人，保護者が不安を抱えた小学校生活のスタートにならないように児童に関わる人達をつないで，できることをやっていこうと就学前の情報共有や，本人に合わせた学用品の準備を始めました。

*1 第二部第3章第1
節参照

*2 園での様子を就学
先関係者に公開する機
会

2．チーム構成の詳細や工夫点

（1）小学校と就学前施設，保護者との連携

次年度，小学校に入学する予定の児童に対して，各就学前施設と情報を共有する場を設定するために，小学校の教頭から施設長へ依頼を進めました。実際の情報共有の場面では，園長，担任，加配職員から聞き取りました。園長は，児童の就学相談で保護者と度重ねた面談を行っていることが多く，担任と加配職員は児童の日常の様子を一番知っていることから聞き取りを行いました。

保護者とは，小学校の見学・体験入級でお話する機会があり，随時わ

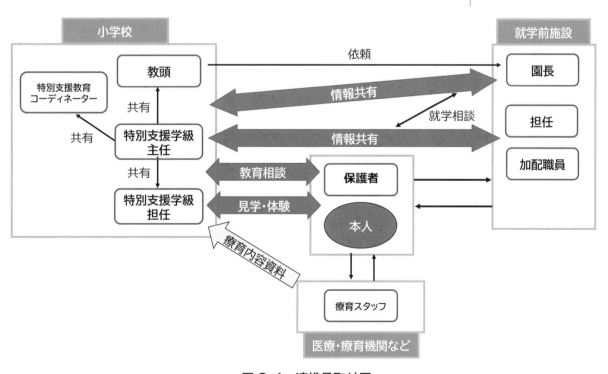

図 3-4　連携見取り図

からないことに答えるようにしていきました。小学校の特別支援学級の就学決定が出て体験入級後，改めて教育相談という形で話を伺いました。

　小学校内でも次年度入学の児童になるため，特別支援学級内，特別支援教育コーディネーター，教頭と，聞き取った主な内容について共有しました（図3-4）。

3．実施した内容

　就学支援で関わるのは，主には児童の年長の時期ですが，それ以前から少しずつ関わりをもつようにしていきます。就学支援の大まかなスケジュールを表3-1に示します。

表3-1　就学支援の大まかなスケジュール

年中時	・随時，就学前施設や保護者の希望により見学の受入れ，問い合わせに回答する。
年長時　4月	
5月	
6月	特別支援学級見学
7月	
8月	
9月	
10月	・就学先決定
11月	特別支援学級体験入級
12月	保護者との教育相談
1月	就学前施設との情報共有
2月	
3月	・学級編成

（1）特別支援学級見学と体験入級
①特別支援学級見学

　特別支援学級の就学を考える児童と保護者，時には施設職員が同行して特別支援学級の様子を見学に来ます。主に希望する障害種の特別支援学級を見ていただくことになります。特別支援学級に在籍する児童がどのように成長していくのか，今だけでなく少し先の将来も見据えて就学を考えてほしいので，1年生だけでなく高学年の特別支援学級も見学してもらいます。

　その際に，特別支援学級は，特別な教育課程を編成しているため，どのようなねらいでどのような教育課程であるのかも説明します。1学級あたりの児童数は，保護者の関心があるところで，1学級あたりの人数や複数学年にまたがった学級になることもお話します。教育課程の話の中で，自立活動だけ聞き慣れないことで質問される保護者が時々います。自立活動の指導の目的や内容をお伝えすると深く頷いていることが多く，自立活動の指導に保護者のニーズがあることを感じます。

②体験入級

　体験入級の目的は，児童及び保護者が，実際に特別支援学級の体験を通して小学校生活に見通しをもち安心して入学に向けた準備をすることです。一方，小学校側としては児童の実態を知る貴重な機会になります。

　児童は，就学決定した障害種の特別支援学級で2時間分の授業を体験します。45分間の授業，15分の休み時間，45分間の授業と就学前施設とは違った時間の流れと切り替えが求められることを知ります。授業の間の休み時間も大事な実態を知る機会で，排泄や水分補給等の場面では，生活場面は自立しているか，自然な関わりの中でのコミュニケーション力はどのくらいなのか等も捉えられます。

　授業は，個別課題が中心の授業と，集団で取り組む授業の両方を経験してもらいます。実際に体験することで，保護者は上級生と仲良くなれて笑顔になる様子を見てほっとしたり，入学するまでに頑張る目標を再認識されたりしています。

　体験入級は，特別支援学級在籍児童にとっても，4月になったら来てくれるかわいい下級生との出会いであり楽しみにしています。

（2）就学前施設との情報共有

　就学前施設職員との情報共有の場面では，表3-2に示した内容を丁寧に聞いていきます。職員があらかじめ話したいことを決められている場合は，それを伺った後,補足的に聞き取るようにします。この情報共有は，児童の生育歴を知ることができ，指導のヒントがたくさん得られ，行動の背景要因も捉えられる可能性があるからです。

表 3-2　就学前施設への主な聞き取り内容

入園期間	期間と年中までの様子も含める
加配の有無	施設によっては指導体制
人との関わり	対大人，対友達，意思疎通，模倣
集団でのあそび	得意不得意，参加のきっかけ，指示理解　着席，読み聞かせの状況，活動の切り換え，運動
身支度	自分の荷物，着替え，排泄
食事	好き嫌い，偏食，食事量
家庭との連携	協力，家庭生活からの影響
就学までの経緯	保護者とのやりとり

　情報共有の中で，先生方が苦労されていることは，小学校でも想定されるので，詳細にどのような状況でどのような支援によってできるようになったかについてお話してもらうと，小学校の指導において大変参考になります。

　また，聞き取る内容から同時に小学校までに身に付けておいてほしい，または取り組んでおいてほしいことを関わる職員に伝えました。大体の

施設が年長時の秋から小学校での生活を見据えた指導に切り替わっていきますが, 特別支援教育対象の児童は引き続き小学校でも指導を必要とすることが多いです。

（3）保護者との教育相談

教育委員会等との就学決定時の面談内容と重なることもありますが, 入学後, 児童にできるだけ落ち着いて楽しい小学校生活を送ってもらうために児童のことを教えていただくようにしています。教育相談の主な内容は, 表3-3で示しています。

表3-3　保護者への主な聞き取り内容

障害の診断と経過　発達検査結果	
基本的な生活習慣	睡眠を含め生活リズム 食事（偏食, 摂食機能）, 食具の使用 着替え（前後裏表の区別, 自立） 排泄（自立, 用便, 時間） 持ち物の取扱い（自他の区別）
活動の見通し　一人の時間の過ごし方　集中できる時間	
好きなモノ　こだわり	
基礎的学力	平仮名の読み書き, 絵本の理解 数唱, 数量
人との関わり	発語, 言葉の使い方, 協調的な関わり, 家族との関わり
関係機関等の利用	医療機関, 療育機関の利用と内容, 入学後の利用予定

表3-3で示す内容を聞くとともに, 個別の教育支援計画の策定に必要な情報も聞き取ります。例えば, 関係機関の利用状況, 家族構成, 医療的配慮の有無, 服薬, 療育手帳の有無, 就学後の展望です。関係機関の療育内容等は自立活動の指導に関わる情報もあるので聞き取ります。入学後, 医療機関から療育内容を示した資料の提示があります。最終的に本校の入学児童は, 就学前に作成した個別の教育支援計画をもとに, 入学後, 担任と正式に策定します。

入学にあたって保護者が心配に思っていることは必ず聞くようにしています。すぐに解決できるとは限らないことをお伝えした上で, 特別支援学級として親子の困り感に寄り添えるようにしていきたいからです。入学準備に伴い, 学校で一律に指定される学用品は自分の子供が使えないとわかって不安に思っている方もいて, 細かな準備物についても, 相談にのると保護者も安心するようです。また, 卒園式の参加状況から, 希望する保護者に対して, 本人が事前に入学式の会場や式の流れを知る機会を提供しました。

４．成果と課題
（１）成果

　特別支援学級の対象となる児童に関わる地域の小学校と就学前施設それぞれの担当者が顔と顔でつながったことは連携することへ大きな影響を与えました。小学校側からすると，情報を知っているだけで児童のあらわれからこれまでの経験が想定できます。また，就学前施設側も自分たちの関わった児童がどのように育っていくのか知り得る機会になったことと思います。また，保護者にとっては就学前から小学校と関わることで安心されたようです。

（２）課題

　このような取組みは自治体で取り決められたものではなく，B小学校での取組みになります。B小学校の特別支援学級の年間計画として次年度の特別支援学級担任集団に引継ぎ事項として送りました。しかし，特別支援対象者に個別の支援計画が作成される所以を理解し，関係機関双方が互いの情報を把握して連携する対応の必要性が十分周知されていない状況です。就学前段階から小学校段階への移行において良い実践が増えることにより，地域における協働が今後期待されます。

次の一歩

　就学決定について，早期からの取組みの必要性を感じ，就学前の年中期から特別支援学級への見学を案内して，保護者が就学決定に十分な時間を使って考えられるように配慮したり，施設職員の特別支援対象児童への指導に関する学習会に声を掛けていただいたりしました。

就学中における教師と関係者との連携・協働

第**3**節

Lecture 15　医療的ケア児に関わる事業所等との協働の現状と課題

1．就学中における支援制度

　障害のある児童等は，障害児通所支援や，障害児相談支援等，様々な福祉サービスを利用しています。このうち学齢期の障害児の放課後等の活動を支援するための事業としては，放課後等デイサービスがあります。放課後等デイサービスは，2008年の障害児支援の見直しに関する検討会報告書において，放課後活動支援の必要性が指摘されたことに端を発するものであり，それまでの児童デイサービス（Ⅱ型）の流れを組むものとして，2012年4月より新たに設立された障害児通所支援の一つです（森地・大村・小澤，2019）。放課後等デイサービスは，「授業の終了後又は休業日に児童発達支援センターその他の内閣府令で定める施設に通わせ，生活能力の向上のために必要な訓練，社会との交流の促進その他の便宜を供与すること（児童福祉法第6条の2の2）」とされており，地域における障害児やその家族を支える社会資源として，そのニーズは年々高まっています。

2．医療的ケア児における事業所等の利用

　近年，医療技術の進歩に伴い，医療的ケアが必要な児童等（以下，医療的ケア児）は増加しています。それに伴い，放課後等デイサービスをはじめとする，各種事業所においても医療的ケア児への対応が求められています。医療的ケア児は，未就学児の場合には，保育所や幼稚園，他の療育施設（児童発達支援センター等）を利用しながら，児童発達支援事業所を並行して利用したり，就学児の場合は，学校に通学しながら放課後は放課後等デイサービスを利用したりします（みずほ情報総研，2021）。放課後等デイサービスをはじめとした様々な事業所においては，異年齢の児童等や同年齢の仲間との関わりの機会が増えると，生活能力向上をはじめとした様々な活動に参加することを通して，様々な経験を積むことができます（上村・小野里，2017）。医療的ケアが必要な子供であっても，必要な医療的ケアを受けながらこれらの機会を得られることが重要です（みずほ情報総研，2021）。

3．放課後等デイサービスにおける協働

　放課後等デイサービスは，重要な地域資源であり，学齢期の児童等においては，学校と連携，協働しながら支援を展開することが重要です。松山（2023），香野（2021），式本・古井（2021）等では，学校と放課後等デイサービスの連携や協働について，双方の教職員がその重要性や必要性について強

く認識しているものの，効果的な実現には課題は多く，具体的にどのように連携・協働していくことが望ましいのかについて，検討していかなくてはならないことを指摘しています。「こどもの現在，そして将来の豊かな育ちを保障していくためには，こどもと家族を中心に据えて，包括的なアセスメント支援を行うことが必要であり，また，各事業所や各関係機関，それぞれが非連続な「点」として独自に支援を行うのではなく，子育て支援施策全体の連続性の中で，地域で相互に関係しあい連携しながら「面」で支えていく必要がある。」と厚生労働省（2023）において示されているように，学校と放課後等デイサービスをはじめとした事業所との連携・協働は重要です。特に，医療的ケア児においては，その日の健康状態や学校での様子について，正確な引継ぎや共通理解が欠かせません。それぞれの専門性を有する職員が協働し，保護者や地域の様々な社会資源との緊密な連携のもとで，医療的ケアを必要とする子供の状態等を踏まえて支援を行う必要があります（厚生労働省，2023）。また，その際には，「個別支援計画と個別の教育支援計画等を連携させる等，学校側の生活を把握しながら個々に合わせた一貫した支援を提供していくこと」が求められます（厚生労働省，2023）。厚生労働省（2017）においても，学校との役割分担を明確にし，学校で作成される個別の教育支援計画等と放課後等デイサービス計画を連携させる等により，学校との連携を積極的に図ることが求められることが示されています。

しかし，個別の教育支援計画の有効な活用や，定期的な支援会議の開催等の時間をかけた協働はなかなか難しいのが現状です。香野（2021）は，学校と放課後等デイサービスの連携について，双方で行われている連絡や情報交換は，送迎時の短時間に，口頭で，学校からの一方的な伝達の形で，その日の学校での子供の様子が伝えられているという現状を明らかにしました。多忙な現場においては，十分に時間を設けて引継ぎや情報共有を行うことは困難です。

Practice15では，放課後等デイサービスをはじめとした各種事業所を利用する医療的ケア児を中心に，学校と保護者，様々な機関の関係職員が協働することについて取り上げています。医療的ケア児に関わる教師として，どのように他機関の関係者と協働していけばよいのか，そのポイントについて具体的に紹介します。

［文献］

上村誠也・小野里美帆（2017）放課後等デイサービスにおける発達支援プログラム開発の試み．生活科学研究，39，145-153.

香野毅（2021）障害のある子供たちの新たな学びの場としての放課後等デイサービス：連携と専門性という課題に焦点をあてた調査と実践事例．教科開発学論集，9，1-9.

松山郁夫（2023）知的障害特別支援学校高等部教員における放課後等デイサービスへの捉え方．九州生活福祉支援研究会研究論文集，17（1），11-20.

厚生労働省（2017）児童発達支援ガイドライン.

厚生労働省（2023）障害児通所支援に関する検討会報告書－すべてのこどもがともに育つ地域づくりに向けて－．障害児通所支援に関する検討会，令和5年3月28日.

みずほ情報総研株式会社（2021）障害児通所支援事業所等（障害児通所支援，生活介護およびグループホーム）における安全な医療的ケアの実施体制のための手引き．厚生労働省（2020）令和2年度障害者総合福祉推進事業，実施事業障害児通所支援事業所等における安全な医療的ケアの実施体制の構築に関する調査研究.

森地徹・大村美保・小澤温（2019）放課後等デイサービスにおける支援の現状に関する研究．障害科学研究，43（1），117-124.

式本裕耶・古井克憲（2021）特別支援学校と放課後等デイサービスとの連携に関する現状と課題：教員へのアンケート調査より．和歌山大学教育学部紀要教育科学，71，19-24.

Practice 15 特別支援学校における他職種との協働

事例ガイド

どこで → 肢体不自由／特別支援学校

誰と → 関係機関

何について → 医療的ケア

ここがポイント！

- 医療的ケア児の指導・支援において，関係する機関（以下，他職種）との協働は必須です。子供の目線からすると，教師は，学校という持ち場から一歩も出ないとしても自分を支えてくれる他職種メンバーの一員です。ですから，教師一人一人が，他職種との協働について自分にできる役割を自覚しながら仕事をする必要があります。
- 本稿では，特別支援学校での取組みを通して，教師の目線から，どのように自分の仕事を進めていけばよいかを考えます。

《関係する事例》Practice10, 12, 13

対象校・児童生徒の実態

- 取組みに登場する医療的ケア児は，A 県の特別支援学校重複障害学級に在籍しています。実態に応じて，たんの吸引，経管栄養，気管切開部の管理等の医療的ケアを必要としています。
- A 県の特別支援学校では，医療的ケアを実施する教師（以下，実施担当教師）と学校に勤務する看護師（以下，学校看護師[*1]）との協働により医療的ケアを実施しています。医療的ケア実施校には，指導・助言を行う医師（医療的ケア指導医）が派遣されています。また，校務分掌において，実施担当教師や他職種との連絡調整役として医療的ケアコーディネーターを配置しています。

1．なぜこのような取組みに至ったのか

実施担当教師は，試行錯誤しながらも他職種と協働することが求められています。より良い取組みに向けて，教師に求められる役割や，他職種との協働において土台となるコミュニケーションの在り方について3つのエピソードを通して考えます。

2．チーム構成の詳細や工夫点

特別支援学校は，医療的ケア児が下校後，放課後等デイサービス事業所（以下，事業所）＊2 を利用する場合は，健康状態に細心の注意を払い引き渡しをしています。医療的ケア児の体調は，登校時と下校前では大きく違うことがあるからです。

医療的ケア児の健康観察は，学級担任と学校看護師により少なくとも登校時，昼食前，下校前の時間帯にバイタルサインの測定等＊3 をしています。事業所を利用する場合，学校まで迎えに来ている事業所の看護師に健康状態を口頭で申し送りをしています。併せて学級担任は，連絡帳（申し送りノート）に測定数値等を記載して事業所に渡しています。

特別支援学校と事業所が，医療的ケア児の安心な居場所として切れ目なく機能するという目的のために，健康状態に係る情報の共有が重要であると考えて引き渡しをしています。

3．実施した内容

【エピソード1：こもり熱と発熱の判断】

Bさんは小学部2年生。脳性まひで首の座りが完全ではなく姿勢保持装置を使用しています。医療的ケアは胃ろうからの経管栄養があります。口を歪ませたり，手足をくねらせたりする不随意の動きが見られ，姿勢を保持しているときは上下肢がよく動いています。平熱は36度後半ですが，体温調節が難しく，登校時の健康観察の際に，体温が37.5度であっても保護者からは「熱がこもっているけれど元気です。」と言われることがあります。しかし，下校前の体温が37度後半の場合，養護教諭や学校看護師にとっては許容範囲を超える数値です。Bさんは，元気そうな表情や笑顔が多く見られるので，熱を冷ます処置をしながら事業所へ送り出すか，発熱症状なので帰宅するか，判断に迷います。そのようなときは，学級担任＊4 が保護者に現状報告をして，事業所利用の可否を決めてもらいます。

事業所にとっては，不安定な健康状態での引き渡しとなれば，特別支援学校の対応に疑問の声が上がるはずです。Bさんの場合も，事業所から特別支援学校へ健康観察について問い合わせはありますので，下校前の健康観察の方法や保護者に相談しながら対応していることを事業所に伝えています。

＊1　教育法規上「学校看護師」という職名はありません。本稿では，学校で勤務する看護師を指します。2021年に施行された学校教育法施行規則の一部を改正する省令第65条の2において，看護師等をもって充てる「医療的ケア看護職員」の名称及び職務内容は示されています。

＊2　Lecture15参照。

＊3　Bさんの学校の「バイタルサインの測定等」は，①体温，②酸素飽和度・脈拍，③呼吸状態の把握，④排尿，排便の確認，⑤てんかん発作の有無，⑥吸引の回数，などです。

＊4　Bさんの学級担任は，実施担当教師でもあります。

　Bさんは、これまで事業所で体調が急変したことはありません。しかし、教室で咳をしていたり、全身の倦怠感が見られたりして「いつもと違う」ときは、37度前半でも発熱の症状と判断しています。また、学級担任や学校看護師は、Bさんの体温等の数値以外にも「なんか変だな」というちょっとした違和感も判断材料にしています。

　健康状態の所見では、学級担任、養護教諭、学校看護師の間にズレが生じることがあります[*5]。見解の相違等問題があるときは①その場で、②互いに判断理由を口に出して（言語化する）、伝えることを実践しています。他職種との協働では、お互いに役割の違いや、職務には限界があることへの理解が重要です。その上で、医療的ケア児を支える目的は同じであり、情報交換等で関係性を深めていけば補完し合えると考えます。

【エピソード2：視線でのコミュニケーション】

　医療的ケア児に限らず子供のコミュニケーションをはぐくむためには、他者（相手）との「やりとり」が必要です。そのためには、自分が相手にわかるように伝えて、相手にできる方法で表現してもらうことが重要です。子供は、相手に伝えられた体験を積むことで、自分の行動が相手を動かすこと、つまりは自分の発信が他者に影響を与えることを学びます。

　Cさんは中学部1年生。呼吸面で配慮が必要であり、定期的にたんの吸引が必要です。学級担任[*6]や学校看護師は、Cさんに吸引が必要と判断したときには、先ずは「今、吸引する？しない？」と言葉掛けをしています。Cさんは、口を大きく開けたり、視線を合わせたりして応えています。

　上肢の動きでは、手の中にあるものを引き寄せることや、下の方向に動かすことができます。手元のスイッチ教材を見て、自分で上肢を動かしてスイッチを押すと、「できた」の意味で口を開けたり、学級担任と視線を合わせたりしています。

　自立活動の時間における指導では、視線入力装置を用いた学習をしています。パソコンモニターに視線を向けて、「はい（○）・いいえ（×）」や、自分の見たい動画を二者択一で応える活動です。

　はじめに、Cさんの好きなキャラクターが登場する遊園地のアトラクションの動画のどちらかに視線を送ると、アトラクションの一つが画面に大きく表示されます。学級担任は「選んだのは○○でよい？」などの言葉掛けをします。続いて、Cさんが手元にあるスイッチを押すと選んだ動画が再生されます。学習活動では「（視線で選択）見たい動画を決める→（決定する）スイッチを押す→動画が動き出す」という因果関係をわかるようにしています。動画は、自分の好きな映像なので、映像の

[*5]　勝田（2019）は、教師と学校看護師が協働していく際に生じる葛藤の内容やその解決方法について論じています。
勝田仁美（2019）教諭と看護師との連携と葛藤の解決、小児看護、第42巻第10号、1256-1262.

[*6]　Cさんの学級担任は、実施担当教師でもあります。他にも自立活動部の教師がCさんの実施担当教師になっています。

音が聞こえると，画面に視線を向けて熱心に取り組んでいます。

　視線入力装置は，Ｃさんの保護者を介して，リハビリテーションセンターの担当言語聴覚士（Speach Therapist；以下，ST）[7]から視線でのコミュニケーションに係る示唆を得たことから導入しました。学級担任は，Ｃさんの実態を踏まえて，図3-5[8]のイメージでSTとのつながりを認識して，助言は有益で実践できると考えました。Ｃさんの学習成果は，保護者を介して担当STや，利用している事業所にも伝えています。

＊7　STは，国家資格であり，職務内容は，言語聴覚士法第2条に示されています。Ｃさんは様々な言語機能に係る評価を受けながら，場合によって代替的コミュニケーションの方法を学んでいます。

＊8　徳永（2013）は，特別支援教育に携わる教師が他職種との連携において大切にすべき視点について整理をして論じています。
徳永亜希雄（2013）他職種との連携と肢体不自由教育の専門性，肢体不自由教育，第209号，4-9.

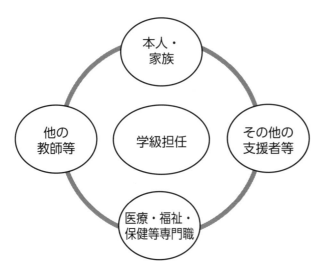

図3-5　他職種との連携のイメージ

（徳永，2013 より筆者作成）

　また，学校看護師が，吸引の際，Ｃさんに応答的な言葉掛けをしている姿勢は，教育的意義がありＣさんの伝える力をはぐくむ実践です。教師にとって，学校看護師との協働による医療的ケアは子供の学びを支えていることを実感します。

　やりとりは，「伝える－受けとめる」の繰り返しですから，他職種メンバーでその子供のできることや，わかっていることについて情報を交換して，共有していくことは必要です。

【エピソード3：子供の健康を支える】

　2021年9月に「医療的ケア児及びその家族に対する支援に関する法律」が施行されました。この法律では，基本理念や，医療的ケア児及びその家族に対する支援が国，地方公共団体の責務であることなどが示されました。具体的な支援措置の一つとして，相談体制の整備を行う機関として医療的ケア児支援センターが都道府県に設置されました。

　Ｄさんは小学部1年生。気管切開をしています。就学前は，在宅で週1回在宅訪問型児童発達支援のサービスを受けていました。学校には，上級生に医療的ケアが必要な友達がいます。母親同士も仲良しで先輩保護者として頼りにしています。

　Ｄさんの保護者には心配事がありました。Ｄさんのてんかん発作は重

積状態になりやすく，入院治療も必要になる状況です。家庭では，主治医の指示に従ってけいれん止め座薬も使用しています。なお，特別支援学校では，教職員が子供の医療用医薬品を取り扱う場合は，保護者からの使用依頼書等の提出に基づいています。教職員による座薬の挿入は緊急やむを得ない応急処置として行い，「座薬使用後，児童生徒を必ず医療機関での受診をさせること」など4つの条件があります[*9]。

Dさんに処方された座薬を日常的に取り扱っている保護者には，座薬の取扱いに厳格な学校との間に使用上の留意事項についてズレがあると感じました。Dさんは，入学直後から入院治療になり，保護者の不安な気持ちは強くなりました。保護者は，座薬の使用に関して自分の捉え方と違うことを開設したばかりのA県医療的ケア児等支援センター（以下，センター）[*10]で相談していたようでした。特別支援学校では，センターへの相談のことを先輩保護者からの情報で知りました。この先輩保護者は，Dさんの保護者から相談があり「学校に話してよい」と承諾を得てから特別支援学校に伝えてくれました。

Dさんの保護者には，校長が説明不足[*11]を謝罪した上で，文部科学省や厚生労働省の関係文書等を踏まえて，Dさんの健康管理の方針を説明しました。そして，子供との学校生活は「できない・やれない」の理由付けだけではなく，「どうすれば，できるのか」の考え方で実践していることを伝えました。保護者は「まだもやもやした気持ちもあるけど，校長先生のお話はわかりやすかったし，つらい気持ちを一人で抱えようとは思っていないので先生方とよく話をしていきたい。」と話しています。後日，養護教諭が，保護者と一緒に主治医と面会して座薬使用のタイミングや使用後の対応等，留意事項を確認しました。

Dさんの保護者にとって，主治医や先輩保護者の他，学校以外の人（センター相談窓口）にも口に出して（言語化する）気持ちを伝えたことは不安軽減になったようです。不安なときには味方になってくれる人が必

[*9] 文部科学省は，「学校におけるてんかん発作時の坐薬挿入について」において，4つの条件を満たす場合には医師法違反とならない範囲であることを示しました。詳細については，「医師法第17条の解釈について（照会）」や「医師法第17条の解釈について（回答）」を参照ください。

[*10] A県のセンター名「医療的ケア等」は，医療的ケアに限定せず，小児，成人と問わず障害者に対して切れ目のない支援をしていくことを意味します。

[*11] 学校での医療用医薬品の使用については，入学前の保護者説明会で説明済みでした。

（目的 第1条より）
- 医療技術の進歩に伴い医療的ケア児が増加
- 医療的ケア児の心身の状況等に応じた適切な支援を受けられるようにすることが重要な課題
  - ⇒ 医療的ケア児の健やかな成長を図るとともにその家族の離職の防止に資する
  - ⇒ 安心して子供を生み，育てることができる社会の実現に寄与する

（基本理念 第3条より）
1 医療的ケア児の日常生活・社会生活を社会全体で支援
2 個々の医療的ケア児の状況に応じ，切れ目なく行われる支援
   - ⇒ 医療的ケア児が医療的ケア児でない児童等とともに教育を受けられるように最大限に配慮しつつ適切に行われる教育に係る支援等
3 医療的ケア児でなくなった後にも配応した支援
4 医療的ケア児と保護者の意思を最大限に尊重した施策
5 居住地域にかかわらず等しく適切な支援を受けられる施策

図 3-6　医療的ケア児及びその家族に対する支援に関する法律の目的と基本理念

要です。

　教師は，わずかな言葉の裏に隠された保護者の思いに傾聴していくことができます。保護者は話してよい相手なのかを見極めていますので，相談される教師でありたいです。そして，なんといっても保護者の支えとなるのは，我が子の成長です。教師には子供に対する適切な指導・支援ができます。その積み重ねが保護者はもとより他職種との信頼関係を築くと考えます。

＊12　「学校運営協議会」の役割等は，地方教育行政の組織及び運営に関する法律第47条の五に示され，教育委員会には設置についての努力義務があります（第一部第1章参照）。

次の一歩

　3つのエピソードを通して，教師にできることをまとめました。

　まずは，協働の必要性への気づきが重要です。特別支援学校には個別の教育支援計画がありますので，活用し，医療的ケア児が関わっている他職種の情報（いわゆる，「子供の生活地図」）を教師間で共有しましょう。医療的ケア児に関わっている機関やメンバーを一覧にすると，特別支援学校（教師）は他職種の一部であることや，他職種メンバーそれぞれの役割を理解できる機会となります。なお，地域の人材との出会いや，他職種とのつながりを深めていくためには，例えば，コミュニティ・スクール（学校運営協議会制度）＊12の仕組みを活用することが考えられます。

　そして，他職種との協働を進めていくと，メンバー間で必然的に葛藤場面が発生します。したがって，教師には，お互いの違いや長所に目を向け，葛藤場面では代替策の提案等柔軟な対応で解決していくコミュニケーションスキルが必要になります。

　教師自身が，他職種の一員として協働の必要性を認識できるならば，医療的ケア児と家族を支える他職種との協働は，日々の実践においてより進化できると考えます。

第4節 卒業後における教師と関係者との連携・協働

Lecture 16 卒業後を見通した指導・支援と関係者との協働の在り方

　障害のある人が生涯にわたって社会参加をしていくために，学校等在籍時から卒業後までを見通した支援が必要不可欠です。ここでは，障害児・者の就労に関わる現状と課題を踏まえ，特別支援学校における進路指導等の概要，関係者との協働の在り方について整理していきます。

1．障害児・者の就労に関わる現状

（1）近年の法制度の動向

　2014年の「障害者の権利に関する条約」の批准に向けて，障害者の就労に関する施策が見直され，企業や社会における障害者雇用に対する理解促進や，就労支援制度の充実が図られました。具体的には，2013年「障害を理由とする差別の解消の推進に関する法律」の成立，2016年4月1日施行「障害者の雇用の促進等に関する法律」の改正があげられます。これらの法改正により，障害者に対する差別の禁止と，合理的配慮の提供が義務づけられました。また，2018年には「障害者の雇用の促進等に関する法律施行令の一部を改正する法律」の改正により，民間企業における障害者の法定雇用率が2021年度に2.3％まで引き上げられました。また，2024年度から2.5％，2026年度から2.7％と段階的に引き上げることとなります。

（2）特別支援学校卒業後の進路状況

　2022年3月の特別支援学校高等部卒業者の進路状況を概観してみると（表3-4），障害種ごとの特徴が見出せます。視覚障害は，福祉施設等（児童福祉施設・障害者支援施設・医療機関等）への入所・通所及び大学や短期大学，特別支援学校高等部（専攻科）等への進学（以下，大学等への進学）が高い割合を示しています。聴覚障害は，大学等への進学が5領域の中で最も高い割

表 3-4　特別支援学校高等部卒業者の進路（2022年3月卒業者）

	卒業者	進学者	教育訓練機関等	就職者等	社会福祉施設等入所・通所等
視覚障害	232	86（37.1%）	10（4.3%）	25（10.8%）	84（36.2%）
聴覚障害	442	168（38.0%）	34（7.7%）	132（29.9%）	96（21.7%）
知的障害	18,489	81（0.4%）	244（1.3%）	6,043（32.7%）	11,140（60.3%）
肢体不自由	1,684	47（2.8%）	25（1.5%）	84（5.0%）	1,418（84.2%）
病　弱	344	17（.9%）	24（7.0%）	58（16.9%）	205（59.6%）

（文部科学省，2024をもとに筆者作成）

合であることが特徴的です。知的障害は福祉施設等入所・通所及び就職の割合が高く，肢体不自由は福祉施設等への入所・通所が極めて高い割合となっています。病弱においても福祉施設等入所・通所が高い状況が読み取れます。

２．特別支援学校における進路指導と関係者間の協働

　特別支援学校においては，卒業後を見据え，現場実習，職場体験等を取り入れるなど，教育課程編成や授業において職業教育や進路指導に積極的に取り組んでいます。

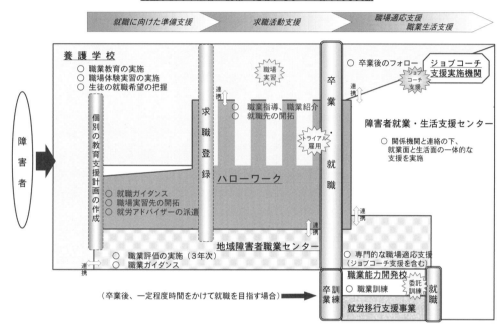

図 3-7　特別支援学校卒業者が就職・定着するまでの標準的な支援

（厚生労働省ホームページより転載）

　図 3-7 は，厚生労働省が示した特別支援学校卒業者が就職に至るまでの支援の概要です。特別支援学校は，生徒の就職希望等を把握したうえで，ハローワーク等と連携を図りながら職場実習先を開拓・確保します。生徒の実習期間中には，企業を訪問して生徒の様子等について情報共有等を行います。卒業後のフォローとして，障害者就業・生活支援センターとの連携のもと，生徒の就業生活の定着に向けて支援を行っています。

　進路決定に関しては，保護者支援も重要です。学校側が保護者に対して情報提供を行うことが求められますが，小澤・一木・中村（2022）によると，教師の就労支援制度に関わる理解について困り感を抱えていることなどを背景として，保護者への情報提供に課題があることを指摘しています。

　今後ますます特別支援学校卒業生の進路は多様化することが予想されます。保護者や関係機関との協働について，各自治体の情報を把握するとともに，実践事例等を通して理解を深めることが求められると考えます。

［文献］
厚生労働省ホームページ「特別支援学校卒業者が就職・定着するまでの標準的な支援」
　https://jsite.mhlw.go.jp/shimane-roudoukyoku/content/contents/001486043.pdf
文部科学省（2024）特別支援教育資料（令和４年度）.
小澤良子・一木薫・中村貴志（2022）知的障害者の就労支援における事業所と特別支援学校の課題認識に関する調査研究. 障害科学研究, 46, 91-100.

Practice 16 特別支援学校における進路指導の協働

事例ガイド

どこで
肢体不自由／特別支援学校

誰と
特別支援学校職員，
外部専門家，
進路先，支援機関

何について
卒業後に向けた移行支援

ここがポイント！

- 摂食・嚥下に課題がある高等部3年生の生徒について，食事場面の実態把握により課題を明確にした後，歯科衛生士の助言の下，担任，寄宿舎職員，自立活動部教師が連携して指導を行い，生徒自身の課題対応力を高めました。また，進路指導主事は，進路先との引継ぎの機会を意図的に設定し安心・安全な移行につながりました。

《関係する事例》Practice 1, 2

対象校・児童生徒の実態

- 本校は，児童等が170名，職員が200名を超える大規模な肢体不自由の特別支援学校で，7割近くが自立活動を主とする教育課程で学んでいます。自立活動の指導においては，自立活動の中心的な課題を踏まえた上で指導を行えるように，全児童等の個別の指導計画の作成過程に実態把握図の作成（安藤，2021）を位置づけています。また，OTやPT，摂食嚥下リハビリテーションの専門家などを招いて，個の課題に応じた専門性向上を図るための実践的な研修を実施したり，自立活動部が主となって指導についての助言を行ったりしています。
- 対象は，脳性まひの高等部3年生の男子生徒です。食事の際，食べ物が喉に詰まりやすく，誤嚥の心配がありました。また，まひのために姿勢保持や手の操作に不安定さが見られ，本人への摂食指導と進路先への引継ぎが必要でした。

1. なぜこのような取組みに至ったのか

本校では、在学中の教育支援の目的や内容を進路先に伝え、切れ目のない支援を行うことができるように、卒業前に、本人、保護者、学校、進路先、相談支援事業所や障害者就業・生活支援センター、必要に応じて市町村福祉課や医療関係者が集まり「移行支援会議」を実施しています。これまで本校では、障害による学習上又は生活上の困難さを主体的に改善・克服するために在学中に積み上げてきた自立活動の指導について、「移行支援会議」の場において引き継ぐべき情報を十分に伝えることが難しい状況がありました。

本生徒は、食事の際、食べ物が喉に詰まりやすく誤嚥の心配があり、卒業にあたっては、摂食・嚥下の指導や姿勢保持の方法など、本人に対しての指導と、進路先への情報の引継ぎが重要であると考えました。そこで、進路先と学校とのつなぎ役でもある進路指導主事を中心に、本生徒の卒業後の生活における安心・安全とQOLの維持のために、学校と関係機関が連携を図り支援を行うことにしました。

2. チーム構成の詳細や工夫点

進路先で想定される本生徒の課題を踏まえ、進路指導主事、自立活動部、担任が協働して関係各所との連携を図りました。自立活動部と担任は、実態把握の見直しや具体的な指導について検討できるように、外部専門家や対象生徒が生活の場として利用していた寄宿舎職員と連携を図りました。進路指導主事は、引き継ぐべき情報を伝えることができるように、進路先の福祉施設職員を中心に、相談支援専門員や市町村福祉課担当者と連携を図りました。また、家庭での支援の継続も重要と考え、保護者や兄弟にも指導や情報の共有を図りました（図3-8）。

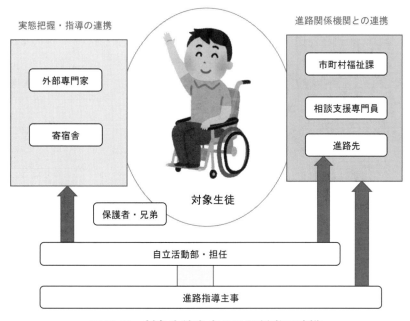

図3-8　対象生徒を支える関係者の連携

3．実施した内容
（1）実態把握と指導目標及び指導内容の共有

　担任，自立活動部教師，寄宿舎職員が参加し，複数の視点で食事場面に特化した実態把握図（安藤，2021）[*1]（図3-9）を作成しました。実態把握図を作成していくと，「姿勢が前傾し顎が上がる」，「唇を閉じて捕食していない」，「舌を前後に動かして食べ物を口の奥に送る」という課題が見えてきました。そして，これらの課題が，本生徒の「詰まりやすさ」を引き起こしている要因だと推察しました。この推察を確かめるべく，外部専門家に相談する機会を自立活動部が設定しました。

＊1　安藤隆男（2021）新たな時代における自立活動の創生と展開－個別の指導計画システムの構築を通して－.教育出版. Lecture1 参照。

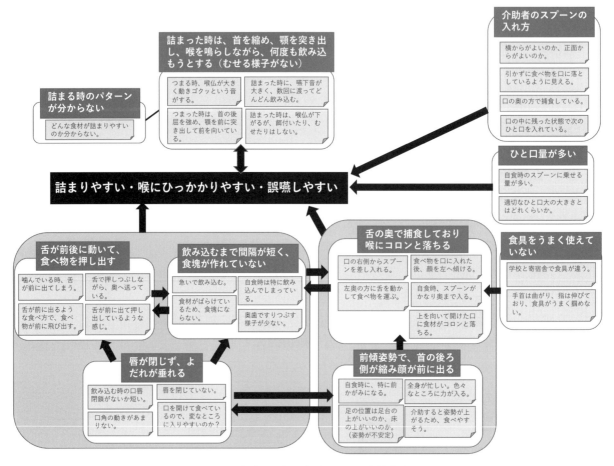

図3-9　対象生徒の食事場面の実態把握図　　　　（筆者作成）

（2）外部専門家との連携と指導の定着

　本県で実施している「特別支援教育専門家派遣事業」を活用し，摂食・嚥下リハビリテーションに携わる歯科衛生士に指導助言を依頼しました。生徒の様子と実態把握図を見てもらい，具体的な指導方法について助言を受けました。特に，姿勢をつくるための環境設定，摂食機能を向上させるための機能訓練，唇を閉じての捕食を促すための介助方法について詳しく教えてもらい，学校，寄宿舎，家庭で共有して実践していきました。本生徒も自身の課題を理解して真摯に取り組み，姿勢や口の動かし方を意識しながら捕食や咀嚼をする様子が見られました（図3-10）。

図3-10 外部専門家による指導の様子

　その結果，前傾して食べ物を取り込み，食物が喉に引っかかったり，詰まったりといった姿から，姿勢を保持して，安全に捕食・嚥下をする姿に変わり，生徒自身も教師も安心して食事の時間を過ごすことができるようになりました（図3-11）。

図3-11 給食時の生徒の様子の変化

（3）現場実習での進路先との情報共有

　対象生徒は，6月と10月に進路先において現場実習を行いました。1回目の実習では，進路指導主事が出向いて行う事前打ち合わせにおいて，日々の摂食指導の動画を用いて，誤嚥や窒息の心配があることや，適切な摂食指導の必要性について説明しました。その後，実習期間に担任と自立活動部長，寄宿舎職員が実習先を訪問し，実際に摂食指導の様子を見せながら具体的な説明を行いました。実習期間内は，進路先の担当者が摂食指導を行い，安全に昼食を摂ることができました。2回目の実習では，進路先の職員で対応が可能になり，学校は巡回指導のみ行う形となりました。1回目に本生徒の摂食指導を担当した進路先の職員からは，学校との連携が摂食指導への不安感を解消したことや，他の職員とも指導を共有しながら摂食指導を行えたことについて報告を受け，現場実習という実践的な場での情報共有の大切さを実感する機会になりました。

（4）「個別の引き継ぎシート」作成と保護者との情報共有

　卒業時の「移行支援会議」の実施に向けて，食事前のストレッチや姿勢保持の方法など，引き継ぐべき重要な情報をまとめた「個別の引き継ぎシート」（図3-12）を作成して保護者と共有しました。また，家庭でも正しい方法で実施したいとの要望を受け，自立活動部長が本生徒の家族に対して支援方法のレクチャーも行いました。学校や進路先での取組みに対して，理解を示していただけただけでなく，家庭での支援の継続にもつながる形となりました。

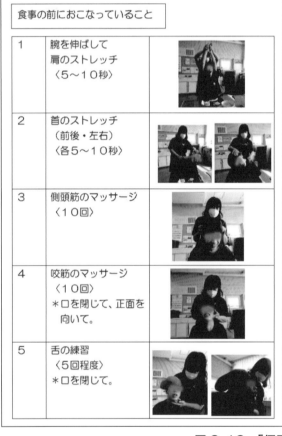

図3-12 「個別の引き継ぎシート」

（担任が作成したものを許可を得て掲載）

（5）卒業時移行支援会議での情報共有

　本生徒，保護者，学校（担任・自立活動部長・進路指導主事），進路先，相談支援専門員，市町村福祉課の関係者が集まり，「個別の教育支援計画」や「個別の移行支援計画」をもとに，生徒の情報について引継ぎを行う「移行支援会議」を3月に実施しました。特に，本生徒にとって重要な摂食・嚥下の課題と支援方法については，「個別の引き継ぎシート」を用いて，自立活動部長が丁寧に説明を行いました。進路先及び関係各所の担当者にも，本生徒の安心・安全な卒業後の生活の維持のために，摂食指導が大切であることを理解していただき，卒業後の支援や連携の継続についても確認することができました。

4．成果と課題

（1）卒業を見据えた視点の共有と実態把握図の修正の成果

　担任や進路指導主事だけでなく，自立活動部長や寄宿舎職員などが，現場実習先を訪問する機会を設定したことで，本生徒の指導に関わる職員間で卒業後を見据えた視点を共有することができました。本生徒が身に付けておくべき必要な力について考えるきっかけとなり，職員間の指導の連携にもつながりました。

　また，関係する職員や外部専門家と，卒業を見据えた視点で実態把握図を見直すことは，新たな指導目標や指導内容の導出，引き継ぐべき重要な情報の整理につながり有効であり，今後も必要だと感じました。

（2）チームで支える移行支援の在り方

　高等部卒業時の「移行支援会議」は，学校で積み上げてきた指導を進路先に引き継ぐことができる最後の機会であり，進路先での新たな支援や活動の礎でもあります。生徒の卒業後の生活は，保護者，進路先，支援機関，行政，学校など，様々なメンバーが一つのチームになって支えるものであり，進路指導主事は，生徒を支えるチームのつなぎ役と連携のためのコーディネーター役を兼ね備える重要な役目であることに気付くとともに，「移行支援会議」の重要性についても実感する機会になりました。

　チームであるからこそ，本生徒の課題に対して，指導が充実し，支援の継続が図られたのではないかと考えます。今後も，個に応じた適切な進路先への移行が実現できるよう，チームで支える卒業時の移行支援の在り方について検討を重ねていきたいと思います。

次の一歩

　本生徒は卒業後も「個別の引き継ぎシート」の内容を自ら継続し，摂食・嚥下機能の低下は見られていません。また、卒業後に利用している施設では，昼食を食べる前に「個別の引き継ぎシート」を活用して，本生徒に対してだけでなく，他の利用者に対しても，口腔マッサージや姿勢づくりを行って，摂食機能の維持や改善に努めてくれているとのことでした。一人の生徒への支援が，施設の利用者全員へも波及する結果となりました。

※写真の掲載にあたっては，保護者及び学校の承諾を得ています。

さくいん

おわりに

　まずは，本書を手に取っていただきました読者の皆様に，深く御礼申し上げます。

　『「令和の日本型学校教育」の構築を目指して〜全ての子供たちの可能性を引き出す，個別最適な学びと，協働的な学びの実現〜（答申）』においては，急激に変化する時代の中で，「一人一人の児童生徒が，自分のよさや可能性を認識するとともに，あらゆる他者を価値のある存在として尊重し，多様な人々と協働しながら様々な社会的変化を乗り越え，豊かな人生を切り拓き，持続可能な社会の創り手となることができるよう，その資質・能力を育成すること」を学校教育に求めています。その一方で，学校を取り巻く現状は日に日に厳しいものになっています。子供達一人一人の教育的ニーズは多様化，複雑化していますし，働き方改革が唱えられているものの，なかなか職務の多忙化は改善していません。慢性的な教師の不足や教師の年齢構成の不均衡等，ネガティブな要素を挙げればきりがないくらいです。しかし，このような難しい状況にあっても，学校現場の先生方はあきらめることなく，日々真摯に子供達に向き合い，研鑽を積み重ねておられます。そのような現場で頑張る先生方のために，何か少しでもヒントとなるような，助けとなるような本を書きたいというおもいから，本書の制作が始まりました。

　本書で取り上げた Practice の事例は，自立活動の実践について考究している「つくば自立活動研究会；https://tsukuba-jikatsuken.com/」やそれに関わる自主的な研究会のメンバーを中心に執筆していただきました。私たちが実施している各種研究会には，学校現場の先生方はもちろん，研究者，学生等，様々な立場のメンバーが所属しています。そして，それぞれの立場で取り組んでいる自立活動に関わる実践を持ち寄り，所属も経験も異なるメンバー間で協議してきました。それぞれの研究会では，実践の「成果」だけではなく，実践に至った「過程」も重要であるという考えを大切にしています。そのため，Practice においても，「なぜこのような取組みに至ったのか」ついても丁寧にご執筆いただいています。各学校等での実践において，それぞれが悩み，思考（試行）し，改善してきた「成果」や「過程」は，場所や対象が異なっていたとしても，参考になる要素がたくさんあるのではないでしょうか。また，本書の中心的なコンセプトである「チーム」については，これらの研究会活動を通して，実践を省察し次につなげる過程においても重要であると実感しております。

　本書を手に取っていただいた読者の皆様におかれましては，総論，各論を通して，ぜひ，ご自身の実践を振り返ったり，あるいは周りの方と共有したりしていただけますと幸甚です。

　本書の具体的な構想は 2021 年からはじまりました。試行錯誤を重ね，本書の刊行までには 3 年以上の歳月がかかってしまいました。企画当初から発刊に至るまで，編者，執筆者をあたたかく，そして根気強く励まし，導いてくださいました，ジアース教育新社の加藤勝博社長，編集部の市川千秋氏に，心より感謝申し上げます。

2024 年 6 月

執筆者を代表して　池田　彩乃

内海　友加利

———————————————— 編　集 ————————————————

安藤　隆男　筑波大学名誉教授

池田　彩乃　山形大学准教授

内海友加利　東京学芸大学講師

———————————————— 執　筆 ————————————————

[第一部]

安藤　隆男　前掲（第1章，第2章）

[第二部]

池田　彩乃　前掲（第1章第1節，Lecture1～Lecture6，第3章第1節，
　　　　　　Lecture13，Lecture15）

内海友加利　前掲（第2章第1節，Lecture7～Lecture12，Practice3，
　　　　　　Lecture14，Lecture16）

八柳　千穂　茨城県立盲学校教諭（Practice1）

大川木綿子　千葉県立野田特別支援学校教諭（Practice2）

丸山　真幸　愛知県立岡崎特別支援学校教諭（Practice4）

植田佐知子　静岡県立中央特別支援学校教諭（Practice5，Practice14）

有井　香織　筑波大学附属桐が丘特別支援学校教諭（Practice6）

北川　貴章　文教大学准教授（Practice7）

引場　陽子　妙高市立新井中央小学校教諭（Practice8）

三嶋　和也　千葉県立船橋夏見特別支援学校教諭（Practice9）

西塚　裕人　埼玉県立越谷西特別支援学校教諭（Practice10）

藤井　和子　上越教育大学教授（Practice11）

山根　絋子　茨城県教育庁学校教育部特別支援教育課指導主事（Practice12）

林　留美子　茨城県立石岡特別支援学校教諭（Practice12）

山田　康朝　千葉県立四街道特別支援学校教諭（Practice13）

尾﨑　　至　元 千葉県立特別支援学校教頭（Practice15）

阿久津百子　茨城県立内原特別支援学校教諭（Practice16）

（2024 年6月現在）

編著者紹介

安藤　隆男（あんどう　たかお）

1954 年　茨城県水戸市生まれ

東京教育大学教育学部卒業，筑波大学大学院修士課程教育研究科修了，博士（教育学）（筑波大学）1993 年

現　　在　筑波大学名誉教授，独立行政法人国立特別支援教育総合研究所参与

専　　攻　特別支援教育学（自立活動に関わる基礎的・実践的研究），肢体不自由教育学

主な著書　「自立活動の指導」のデザインと展開－悩みを成長につなげる実践 32 －（共編著）ジアース教育新社，2019 年

　　　　　新たな時代における自立活動の創成と展開－個別の指導計画システムの構築を通して－（単著）教育出版，2021 年

　　　　　よくわかる肢体不自由教育（第 2 版）（共編著）ミネルヴァ書房，2023 年

　　　　　特別支援教育要論（特別支援教育をつなぐ Connect & Connect 1）（監編著）北大路書房，2024 年

　　　　　肢体不自由教育（特別支援教育をつなぐ Connect & Connect 2）（監著）北大路書房，2024 年

池田　彩乃（いけだ　あやの）

1985 年　東京都小金井市生まれ

筑波大学第二学群人間学類卒業，筑波大学大学院修士課程教育研究科修了，筑波大学大学院博士後期課程人間総合科学研究科修了，博士（障害科学）（筑波大学）2017 年

現　　在　山形大学学術研究院地域教育文化学部准教授

専　　攻　特別支援教育学，肢体不自由教育学

主な著書　本人参画型の「自立活動の個別の指導計画」（共著），ジアース教育新社，2020 年，三浦光哉　他

　　　　　授業を豊かにする筑波大附属特別支援学校の教材知恵袋 自立活動編（共著），ジアース教育新社，2021 年，筑波大学特別支援教育連携推進グループ

　　　　　特別支援学校が目指すカリキュラム・マネジメント（共著），ジアース教育新社，2022 年，三浦光哉　他

　　　　　特別支援教育要論（特別支援教育をつなぐ Connect & Connect 1）（共著）北大路書房，2024 年，安藤隆男　他

　　　　　肢体不自由教育（特別支援教育をつなぐ Connect & Connect 2）（共著）北大路書房，2024 年，一木薫　他

内海　友加利（うつみ　ゆかり）

1991 年　福井県あわら市生まれ

千葉大学教育学部特別支援教育教員養成課程卒業，千葉大学大学院修士課程教育学研究科修了，筑波大学大学院博士後期課程人間総合科学研究科修了，博士（障害科学）（筑波大学）2019 年

現　　在　東京学芸大学講師

専　　攻　特別支援教育学，肢体不自由教育学

主な著書　特別支援教育－共生社会の実現に向けて－（共著）ミネルヴァ書房，2018 年，小林秀之・米田宏樹・安藤隆男　他

　　　　　新・教職課程演習　特別支援教育（共著）協同出版，2022 年　米田宏樹・川合紀宗　他

　　　　　よくわかる肢体不自由教育（第 2 版）（共著）ミネルヴァ書房，2023 年，安藤隆男・藤田継道　他

　　　　　特別支援教育要論（特別支援教育をつなぐ Connect & Connect 1）（共著）北大路書房，2024 年，安藤隆男　他

　　　　　肢体不自由教育（特別支援教育をつなぐ Connect & Connect 2）（共著）北大路書房，2024 年，一木薫　他

特別支援教育における「チームで育つ教師」

2024 年 6 月 24 日　初版第 1 刷発行

編　著　安藤 隆男・池田 彩乃・内海 友加利
発行者　加藤 勝博
発行所　株式会社 ジアース教育新社
　　　　〒 101-0054　東京都千代田区神田錦町 1-23　宗保第 2 ビル
　　　　TEL：03-5282-7183　　FAX：03-5282-7892
　　　　Mail：info@kyoikushinsha.co.jp
　　　　URL：https://www.kyoikushinsha.co.jp/

© Takao Ando, Ayano Ikeda, Yukari Utsumi, 2024, Printed in Japan
ISBN978-4-86371-692-6

カバー・表紙デザイン　宇都宮 政一
本文デザイン・DTP　株式会社 彩流工房
印刷・製本　シナノ印刷 株式会社